MANUAL PARA EL CUIDADO DEL PERRO

MANUAL PARA EL CUIDADO DEL PERRO

Graham Meadows y Elsa Flint

Prólogo de Bruce Fogle

EDIMAT Libros

Publicado por primera vez en España por Edimat
Libros S.A. en 2004. Publicado en el Reino Unido
por New Holland Publishers (UK) Ltd.

Traducido por: Traducciones Maremagnum

Copyright de la versión en castellano
© EDIMAT LIBROS, S. A.
C/ Primavera, 35
Polígono Industrial El Malvar
28500 Arganda del Rey
MADRID-ESPAÑA
www.edimat.es

ISBN: 84-9764-676-2

Editor: Mariëlle Renssen

Gerente de dirección: Claudia Dos Santos (SA), Mari Roberts (UK)

Director artístico: Peter Bosman

Redactor: Gail Jennings

Diseño e ilustraciones: Steven Felmore

Documentación fotográfica: Sonia Meyer

Confección de índices: Sean Fraser

Producción: Mirna Collins

Asesor (UK): Bas Agreis

página 1

El Pastor alemán destaca por su inteligencia y posee unos sentidos muy desarrollados, lo que hace muy fácil su adiestramiento.

página 2

El Golden Cocker Spaniel pertenece a una raza fuerte e independiente que por lo general no tolera las bromas de los niños.

páginas 4 y 5

El Golden Retriever es un excelente nadador que en el siglo XIX solía ser un «tripulante» más de los barcos de pescadores de Terranova, ayudando a llevar las pesadas redes hasta la costa.

Agradecimientos de los autores

La realización de este libro puso de relieve el valor de Internet para una rápida comunicación de las palabras, comentarios e imágenes a escala mundial.

Sin embargo, a pesar de estos adelantos de la comunicación, el presente esfuerzo editorial precisó del habitual grado de experiencia, tiempo y trabajo en equipo. Por ello, nos gustaría expresar nuestros más sincero agradecimiento a los siguientes miembros del equipo editorial de Ciudad del Cabo: Claudia Dos Santos, que tan acertadamente coordinó este proyecto; Gail Jennings, quien demostró ser un editor paciente y comprensivo; Steven Felmore, cuyo diseño resultó una importante contribución para el resultado final de la información; y Sonya Meyer, que se enfrentó a la nada fácil tarea de coordinar la documentación fotográfica.

También nos gustaría expresar nuestro agradecimiento a todos aquellos cuyos nombres desconocemos y que, sin duda, contribuyeron en hacer realidad la publicación de este libro.

Existen muchas razas diferentes de perros, cada una con sus particulares características, rasgos y aptitudes. Es tarea de los dueños de animales de compañía, escoger al perro que pueda adaptarse al estilo de vida que se le pueda proporcionar. Los perros de razas grandes, como los que aparecen en la foto superior, necesitan mucho espacio, así como adiestramiento y ejercicio diario.

CONTENIDO

Generalmente, el Labrador Retriever es inteligente y de temperamento tranquilo, resistente para el trabajo y merecedor de confianza. Estas cualidades positivas hacen que sea especialmente adecuado para su adiestramiento como perro guía para invidentes.

PRÓLOGO
El espíritu del propietario de un perro

Los perros no cambian, sino nosotros. No hace mucho, un perro era considerado como «parte del mobiliario». Hoy, es un miembro activo de la familia, un buen compañero, un camarada que nos escucha y una mano amiga.

Desde el tiempo en que la raza canina entró por primera vez en el hogar del hombre, las emociones representaron un papel importante en nuestra alianza con ellos. Según he observado durante mis treinta años de práctica veterinaria, los lazos emocionales han representado un papel cada vez más predominante a medida que las relaciones que establecíamos con los perros de compañía se tornaban más complejas.

Reconozco que los perros y las personas tenemos emociones similares. Alegría, temor, tranquilidad, ansiedad, satisfacción, ira e incluso amor son sentimientos que los perros tienen en común con nosotros.

Pero su perro no entiende todo lo que usted le dice. Reconoce una selección de palabras y también puede determinar el estado de ánimo en que usted se encuentra por la inflexión de la voz. Los perros pueden entender el lenguaje corporal, pero son incapaces de entender el lenguaje en la forma en que nosotros lo hacemos. Puesto que tratamos a nuestros perros como a miembros de la familia, tendemos a pensar que son humanos y los tratamos como tal. Sin embargo, a menudo esperamos demasiado de ellos.

Nuestras expectativas nunca deberían superar los límites fijados por su estatus evolutivo de grupo animal extremadamente sociable.

Las emociones desempeñan un papel importante en un área relativamente nueva de la veterinaria: la geriatría, esta junto a la medicina genética, es un área en plena expansión de la medicina veterinaria. Las compañías farmacéuticas han detectado una demanda importante de medicinas para el control de los trastornos del comportamiento relacionados con el envejecimiento tales como la desorientación, los dolores de las articulaciones, etc. Los fabricantes de productos alimenticios diseñan dietas que faciliten la distensión renal o cardíaca de los perros ancianos. Debido a la mayor implicación emocional con nuestros perros de compañía, deseamos que estos vivan el mayor tiempo posible. Los adelantos de la medicina geriátrica proporcionan a los veterinarios la capacidad de prolongar las vidas de los animales de compañía.

Una mejor comprensión del origen de los perros, su comportamiento natural y las relaciones que establecemos con ellos conforman la base para la siguiente etapa: la convivencia del perro con el hombre. Sea cual sea esta relación, nuestros perros dependen de nosotros para una buena nutrición, adecuado adiestramiento, prevención de enfermedades y cuidado emocional. Lean esta obra y aprendan. Espero que obtengan tanta satisfacción de sus compañeros caninos como mi familia y yo de los nuestros.

Saludos cordiales,
Bruce Fogle

LOS PERROS
Y LOS HUMANOS
Desde los orígenes salvajes
hasta la domesticación

S i alguna vez ha pensado que el Alaskan Malamute y el Pastor alemán se parecen mucho a los lobos, casi ha dado en la diana. A pesar de las numerosas opiniones acerca de cómo y dónde se halla el origen de las actuales razas, existen pruebas fehacientes (análisis del ADN) de que los lobos que llegaron a domesticarse son los antepasados comunes de estas dos razas.

Los perros y los lobos pertenecen a la familia *Canidae* y comparten características similares:

○ 42 dientes.
○ De 50 a 52 vértebras (siete cervicales, trece torácicas, siete lumbares, tres sacras y entre 20 y 22 vértebras caudales).
○ Contracción circular del iris.
○ Sentido del olfato similar.
○ Enfermedades similares.
○ Comportamiento similar.
○ Excepcional sentido de la orientación.
○ Hábitos nocturnos.
○ Propensión a escarbar.
○ Gestación de nueve semanas.
○ Los cachorros abren los ojos a las dos semanas de vida.

Los lobos *(Canis lupus)* habitan en el hemisferio norte: a lo largo de Europa, Norteamérica y Asia. Los lobos de las zonas de clima más frío son de tamaño mayor, pelaje claro y agresivos. Los de zonas más templadas son menos agresivos, de tamaño menor, pelaje castaño dorado y más claro en la zona abdominal. El color del pelaje de estos últimos es el más habitual entre los perros domésticos *(Canis familiaris)*.

Los lobos y los humanos

Podemos entender cómo y por qué se desarrolló la relación entre los lobos y los humanos si comparamos su estilo de vida durante el período prehistórico (entre 15.000 y 60.000 años atrás), que desembocó en la domesticación del lobo.

Los humanos eran cazadores-recolectores seminómadas. Vivían en grupo, se refugiaban en espacios naturales como cuevas y cazaban juntos para proveerse de alimento. Tenían líderes en cuyas habilidades y experiencia confiaba el resto del grupo. La caza, que requería fuerza física, era una tarea llevada a cabo básicamente por los hombres; la preparación de la comida y el cuidado de los niños era en gran medida el ámbito de las mujeres.

Los lobos también se organizaban en extensos grupos familiares o manadas, en las que claramente existía una jerarquía y un líder. Se refugiaban en los espacios naturales que ofrecía la naturaleza y, al igual que los humanos, también cazaban en grupo. Las hembras estaban al cuidado de los cachorros y dependían casi por completo de los machos para el aprovisionamiento de comida y la protección.

ARRIBA: El lobo gris (antepasado de muchas de las razas de perros de Norteamérica).
FOTO SUPERIOR: Además de ser un buen compañero, el perro representa para su dueño una fuente de variados beneficios terapéuticos. Los dueños de perros sufren estrés en menor medida que la media, son menos agresivos, más tolerantes y alcanzan una edad de vida superior a la media.

El hecho de que tanto los lobos como los humanos fueran cazadores los convertía de vez en cuando en competidores. El agudo sentido del olfato del lobo le era sumamente útil para seguir el rastro de sus presas. Los humanos podrían haber sacado provecho de esto al ahuyentar a los lobos que habían matado una presa y así hacerse con el cadáver. Por otro lado, los lobos probablemente seguían a los humanos que iban de caza para recoger las sobras que estos abandonaban.

Con el paso del tiempo, los humanos desarrollaron una clara ventaja con respecto a sus competidores caninos: la habilidad para fabricar armas primitivas que hicieron más efectiva la caza. Un mejor aprovisionamiento de comida significó un modo de vida más estable; de forma que los humanos empezaron a pasar más tiempo en campamentos semipermanentes.

En las excavaciones de campamentos humanos datados entre hace 30.000 y 60.000 años, se han encontrado huesos de perros lobo. Casi con total probabilidad, se cree que no eran animales de compañía, sino animales en estado semisalvaje que los humanos mataban para alimentarse; o bien se trataba de animales que se acercaban a los campamentos en busca de comida entre los desechos. Los humanos podrían haber fomentado las actividades carroñeras de los lobos, puesto que la superioridad olfativa y auditiva de estos les ayudaba a detectar a los predadores, osos o leones, que merodeaban por la zona.

Los humanos primitivos probablemente utilizaron las habilidades del lobo para cazar y encontrar el rastro mediante el olfato y, por consiguiente, la protección que esto representaba; algo parecido a como hoy demostramos nuestro interés por los perros. A cambio, los lobos que permanecían cerca de los campamentos obtenían algo de alimento y cierta protección, puesto que la mayoría de grandes predadores no se aventuraban a acercarse a los humanos.

ARRIBA: El Alaskan Malamute guarda un gran parecido con sus antepasados los lobos grises.
FOTO SUPERIOR: Lobos grises en un entorno salvaje: el lobo de la derecha adopta la postura de parada en firme, mientras que algo ha distraído la atención del de la izquierda.

El proceso de la domesticación

Pasado el tiempo, los lobos que vivían cerca de los humanos empezaron a mostrar más sociabilidad y confianza hacia estos. Tanto los perros como los humanos descubrieron los

pero a medida que los humanos emigraban tuvo lugar una importante mezcla de razas. Cuatro subespecies de lobo tuvieron una particular influencia en el desarrollo de las actuales razas de perros:

Patrones de comportamiento del lobo dominante y del sometido

Comportamiento dominante		Comportamiento de sumisión	
Postura dominante	Posición erguida y rígida. Orejas levantadas o hacia delante. Cola levantada o hacia fuera.	Postura de sumisión	Agachado. Orejas en posición horizontal y cola entre las patas. Cabeza ligeramente inclinada hacia delante. Tensión en las comisuras de los labios («sonrisa»). Lengua fuera de la boca. Mirada baja y huidiza.
Patas encima	El lobo dominante coloca las patas delanteras encima de los hombros del sometido.	Postura de sumisión arqueada	Lomo muy arqueado, con el cuello curvado hacia dentro y de lado. Cabeza baja, con el hocico expuesto hacia fuera. Cola entre las patas y orejas en posición horizontal. Tumbado en el suelo, con la pata trasera levantada, dejando expuesta la parte inguinal.
Pinza en el hocico	El lobo dominante muerde y agarra el hocico del lobo sometido para obligarle así a mantenerlo pegado al suelo.	Sentado y sumiso	Sentado sobre las patas traseras, con la barbilla pegada al pecho. A veces, golpea con la pata en el suelo y desvía la mirada.
Derecho y en línea transversal	El lobo dominante se mantiene erguido y colocando las patas encima del lobo sometido que permanece tendido en el suelo.		

beneficios mutuos de esta distendida asociación que progresivamente se hizo más estrecha y que desembocó en la domesticación. Uno de los factores clave de este proceso fue el instinto natural de los lobos para obedecer al líder de la manada, así como la pericia de los humanos para asumir este rol. Si se le atrapaba siendo un cachorro, el joven lobo salvaje se mostraría muy predispuesto a obedecer a su amo y ser domesticado.

La domesticación fue un proceso gradual que tuvo lugar durante períodos coincidentes en el tiempo, aproximadamente entre hace 10.000 y 15.000 años, en Europa, Asia y Norteamérica. Inicialmente, los humanos se servían de las subespecies de lobos naturales de la zona que habitaban,

- El lobo de la India fue probablemente el antepasado del Dingo y el Asian Pariah. Los antepasados del Dingo se desplazaron con las migraciones humanas hacia el este y finalmente fue abandonado en Australia.
- El proceso evolutivo del lobo de China dio lugar a la aparición de razas como el Pequinés y el Chow Chow.
- El lobo gris de Norteamérica fue mayoritariamente el origen de razas norteamericanas como el Esquimo y el Alaskan Malamute.
- Los lobos europeos estuvieron probablemente implicados en el desarrollo de razas como los Pastores alemanes, Spitz y Terriers.

ARRIBA: Este lobo canadiense muestra una de las típicas posturas de dominación agresiva mientras protege su comida.

Cómo se desarrollaron las clases de perros

El proceso de selección y refinamiento duró varios miles de años, y se basó en la necesidad de los humanos de buscar alimento, protección y compañía. Los perros tenían un excelente sentido del olfato y eran más rápidos y ágiles que los humanos; de modo que demostraron ser unos valiosos aliados cuando se trataba de seguir el rastro y dar caza a los animales, de los que los humanos dependían para abastecerse de comida, pieles y curtidos. Los perros también demostraron ser de utilidad para las tareas de vigilancia y defensa, así como para matar a las sabandijas y alimañas que se sentían atraídas por la comida de los campamentos humanos. Algunos lobos resultaban más adecuados para ciertas tareas que otros; así que la selección humana motivó una progresiva especialización de las diferentes clases de perros.

Durante la Era del Neolítico, que empezó hace aproximadamente 8.000 años, los humanos aprendieron a cosechar la tierra. También domesticaron cabras para sus granjas y se dedicaron a la cría de ovejas y ganado mayor. De este modo, empezaron a seleccionar a los perros para que les prestaran un nuevo servicio: guardar el ganado.

Al destinar a sus primitivos perros domésticos para distintos propósitos, los humanos iniciaron de forma incidental la especialización o reproducción selectiva de los perros, en función de las características que querían destacar. Entre estas, el temperamento, la forma y el tamaño del animal.

Se ha sugerido que entre las características del temperamento que los humanos deseaban acentuar en los animales, se encontraban la capacidad de ser juguetones, sociables y demostrar poca agresividad hacia los humanos, aunque tendencia a ladrar ante la aparición de los intrusos, rasgos pertenecientes al comportamiento típico de los animales jóvenes. El efecto de esto fue que, pasado un período, la población adulta de perros mantenía muchas de las características propias de los cachorros. La ciencia ha denominado a este fenómeno «neotecnia».

Para el desarrollo de un tipo específico de perro, la forma y el tamaño del cuerpo eran factores determinantes. Los perros para cazar a presas veloces necesitaban ser rápidos y ágiles, y, por consiguiente, relativamente ligeros de peso, con una estructura ósea esbelta, patas largas y espina dorsal flexible. Los perros grandes y fuertes se requerían para la caza de gacelas; sin embargo, los perros utilizados para la caza de la liebre eran de menor tamaño. Si el trabajo de un perro consistía en atrapar ratas o escarbar en las madrigueras de los conejos, entonces era preciso que el perro fuera rápido, ágil con patas cortas y cuerpo compacto.

Un perro para arrastrar y transportar cargamentos tenía que ser fuerte, robusto y tener una notable masa muscular.

El temperamento era también un factor importante. Un perro grande destinado a tareas de centinela tenía que tener el suficiente coraje como para enfrentarse a un intruso y demostrar agresividad. Un perro igualmente grande destinado al transporte de cargamento, tarea durante la que de forma regular entraba en contacto con extraños, debía ser confiado y mantener la calma. Un perro de menor tamaño que se utilizara para perseguir ratas tenía que mantener su instinto cazador para poder dar una dentellada a las alimañas.

Los primeros perros domesticados

Las características que buscaban los humanos en sus perros diferían según la zona, en función del entorno, el clima y el modo de vida de los humanos. Los habitantes de las zonas más septentrionales necesitaban perros que pudieran acarrear cargamentos y que soportaran las temperaturas extremadamente frías. Descubrimientos arqueológicos llevados a cabo en Norteamérica demostraron que hace 7.500 años ya existían perros cuyo peso rondaba los 23 kg y cuya apariencia era muy similar a la del actual Esquimo. Tenían hocicos más cortos que los lobos de Norteamérica, pero muy probablemente disponían del mismo vigor y fuerza que sus antepasados.

En Asia y Europa, los perros que descendían del lobo de la India y el lobo eurasiático también se criaban para llevar a cabo determinadas tareas, como la caza. Se han encontrado representaciones de galgos en frescos egipcios que datan de hace 5.000 años. También han aparecido representaciones de perros de menor tamaño y muy similares al Podenco ibicenco que conocemos actualmente. Otra de las razas modernas cuyos antepasados son fácilmente identificables a lo  largo del tiempo es el Galgo persa. Un perro frecuente en los palacios de los antiguos faraones egipcios del

ARRIBA: El Dingo, descendiente del lobo de la India, llegó a Australia hace aproximadamente 4.000 años. Nunca se le ha podido domesticar por completo y raramente se le tiene como animal de compañía.
FOTO SUPERIOR: El antiguo dios-perro Anubis de Egipto, el perro del submundo.

año 2000 a.C. era parecido al actual Basenji.

Sabuesos por el olfato y sabuesos por la vista

La mayor parte de los primeros perros fueron sabuesos, lo que sugiere que el principal objetivo de los primeros proyectos de reproducción de razas de perros fue el desarrollo de variedades que fueran aptas para la caza. El desarrollo de tales variedades difería dependiendo de la parte del mundo en que sus dueños vivieran.

En Egipto, los sabuesos se dispersaron por las zonas arenosas y calurosas. Por lo tanto, la mayoría de estos sabuesos dependían de su visión para identificar el terreno en la distancia antes de precipitarse en carrera. De ahí el desarrollo de los sabuesos «por la vista», de los que razas como el perro Afgano o el Galgo persa descienden. Estos animales necesitan también ser veloces (tienen largas patas y un cuerpo muy flexible), así como vigor (se caracterizan por una gran capacidad pulmonar y una caja torácica profunda).

Otros sabuesos permanecieron en las zonas frías y húmedas de los bosques y forestas, como los entornos habituales de Grecia e Italia. La vegetación espesa impedía a los perros seguir el rastro de sus presas por la vista; de forma que desarrollaron la capacidad de rastrear largas distancias por el olfato. Estos sabuesos «por el olfato» eran físicamente distintos a los sabuesos «por la vista». Tenían patas más cortas y compactas, cuerpo musculoso y resistente. Se sabe que esta clase de perros existió hace miles de años.

Los perros Spitz

Los perros Spitz se caracterizan por su cola curvada. Algunas de las actuales razas «spitz» son el Husky siberiano, el Samoyedo y el Chow Chow. Hay pruebas de que los perros de esta clase se extendieron por todo el mundo. En China, se han encontrado piezas de alfarería de la dinastía Han del año 2000 a.C. que representan a los antepasados del Chow Chow. Algunos miles de años más tarde, surgió la versión nórdica de esta raza: los perros Spitz que los vikingos portaron consigo durante sus invasiones y asentamientos en diversas partes del Reino Unido.

Algunos ejemplos más de los primeros perros domesticados

En China y el Tíbet tuvo lugar otra de las primeras especializaciones de las clases de perros, se trataba de perros guardianes y de compañía. Perros de hocico chato como el Pekinés, el Lhasa Apso, el Shith Tzu, el Spaniel tibetano, el Terrier tibetano y el Chin japonés.

En las zonas mediterráneas, existían al menos cinco o seis clases de perros claramente diferenciados durante la época de los romanos. Entre ellos una clase no muy diferente del actual Dachsund (Teckel), otro perro cazador especialmente rápido muy similar al Galgo inglés, perros de guarda como el Mastín inglés, así como otros parecidos a los actuales Pug o Carlín y Galgo ruso.

En Gran Bretaña el Celtic Hound, precursor del Lebrel irlandés, pertenecía a una raza arraigada ya antes de la invasión romana.

 ARRIBA: El Springer Spaniel inglés se especializó en levantar las piezas para el cazador de pluma.
FOTO SUPERIOR: El Sabueso del faraón se extendió por toda Europa hace 2.000 años, después de la invasión romana de Egipto.

Llegada del perro de compañía

Con el tiempo, tuvo lugar una mayor especialización de las clases de perros. Aquellos perros que eran capaces de cazar tanto por su sentido desarrollado del olfato como de la vista resultaron ser de gran utilidad para cubrir todas las demandas de cazador. De esta clase de perros derivaron los pequeños «perros de tierra», conocidos ahora como Terriers. El nombre procede del vocablo «terra» –tierra en latín–. Los perros Terrier eran resistentes, fuertes y de patas cortas, muy hábiles para la caza menor e idóneos para ahuyentar a las alimañas que solían merodear cerca de las concentraciones humanas.

Los perros destinados a guardar los rebaños y el ganado tenían que ser ágiles e inteligentes, además de conservar muchas de las características de sus antepasados los lobos, los cuales eran expertos en acorralar y cazar a animales más débiles e inferiores.

Los grandes mastines se especializaron en llevar cargamentos y proteger a los rebaños y al ganado de los ataques de predadores salvajes como osos o lobos, o bien para proteger las propiedades de las incursiones de eventuales animales o humanos.

El vínculo que existe hoy entre la mayoría de los dueños y sus perros no es nuevo. Probablemente, hace dos mil años el sentimiento que un pastor de Turquía tenía hacia su perro no difería demasiado del que tiene hoy un granjero británico, americano o australiano hacia el suyo. La diferencia reside en que mientras que a muchas personas les hubiera gustado en el pasado tener un perro de compañía, pocos podían alimentar y cuidar a un perro que no trabajara.

Durante mucho tiempo los perros de compañía fueron un privilegio de los ricos. Los emperadores de China y Japón tenían en su corte «perros juguete» o perros falderos. Cuando los viajeros europeos empezaron a visitar esos paí-

ARRIBA: La lengua negra de esta raza, el Chow Chow, era considerada un manjar en Manchuria y Mongolia; su piel se usaba para elaborar prendas de ropa. Actualmente, el Chow Chow es perro de un solo dueño por excelencia, con tendencia a morder a cualquier otra persona.

ses lejanos, trajeron muchas de esas razas desconocidas al continente europeo y Reino Unido, en donde hasta entonces eran totalmente desconocidas. Hacia el año 500, ya existía la variedad de los perros Bichon, que dio lugar al actual Bichon Frise y, posiblemente, al Lowchen. En los monasterios se llevó a cabo la reproducción selectiva de varios tipos de perros pequeños para ser perros de compañía o centinela.

Con el paso de los siglos, se acabaron de desarrollar muchas de las actuales razas. En el año 1300, el Black Hound (Podenco negro), precursor del Bloodhound (Chien de St. Hubert), se estableció en el Reino Unido. En Europa y Asia tuvo lugar la especialización de las razas de perros de pastoreo, entre ellos los antepasados del Puli húngaro y el Komondor.

Posiblemente, las tres cuartas partes de las razas de perros que hoy conocemos acabaron de desarrollarse hace aproximadamente 300 años. Las mejoras introducidas en la fabricación de las distintas clases de armas de fuego, que llegaron a ser mucho más precisas, se tradujo en la introducción y especialización de la mayoría de las actuales razas para la caza. Una mayor presencia del perro sin ninguna tarea específica derivó en la aparición de perritos falderos.

Hacia el inicio del siglo xx, la especialización de las razas tal y como hoy las conocemos llegó a su casi completa culminación. Desde entonces, los perfeccionamientos de las razas han sido de carácter estético más que funcional.

Razas y clubes de perros

Actualmente existen cientos de razas de perros (algunas enciclopedias recogen más de 400), muchas de ellas sólo reconocidas en su país de origen. Existen razas estandarizadas que facilitan a los criadores y jueces de perros la selección de la progenie que más se acerque a las características específicas de una raza en particular, de forma que se pueda garantizar la continuación de esta. Para que una raza obtenga el total reconocimiento como tal, es necesario poder identificar en ella las características más genuinas que han pasado de generación en generación, lo que es fundamental para definir una raza en particular.

Son muchos los países que tienen su propio Club de Perros u otra organización similar que controla y realiza el seguimiento de la inscripción y exhibición de los perros de pedigrí. Estas organizaciones tipifican los estándares, basados en las similitudes de uso y características comunes de cada raza, para las diferentes clasificaciones de perros que participan en concursos de exhibición.

ARRIBA: Uno de los perros más conocidos, el Pointer, se criaba originalmente para ser compañero del cazador debido a su excelente sentido de la vista y olfato, junto con su inteligencia y aptitudes para aprender.

El número de los diferentes grupos, las nomenclaturas y las variedades de razas no son comunes a todos los países. Hay cierto acuerdo en cuanto a cuatro grupos (Compañía, Perros de caza o Perros deportivos, Terriers y Sabuesos), pero no respecto a los demás. Algunos países diferencian a los perros de trabajo de los perros de pastor; mientras que otros prefieren la nomenclatura de razas no deportivas, de utilidad o Spitz. Estos últimos mantienen la característica apariencia del Spitz, su ancestro: la cola curvada hacia arriba, por encima de la parte trasera del lomo y las orejas levantadas.

Debido a que cada país tiene su propio método de clasificación para las razas de perros, se fundó la *Fédération Cynologique Internationale* (FCI) con el objetivo de establecer unas diferenciaciones racionales. Esta organización divide a las razas en diez grupos mediante su propio sistema de clasificación: perros de pastor y perros de guarda y utilidad (sin incluir al Boyero suizo); Pinscher y Schnauzer, Molossian, Gran boyero suizo y Perros de guarda y utilidad, defensa y utilidad; Terriers grandes y medianos; Daschunds; Spitz y clases primitivas; Sabuesos por el olfato y razas afines; Pointer; perros de compañía y perros juguete; Sabuesos por la vista o lebreles; Retrievers, perros de sangre y perros de agua.

Cuando se publica esta obra, la FCI tiene registradas 331 razas.

Los países miembros de la FCI tipifican sus propios estándares pero los someten a juicio de la FCI para un reconocimiento internacional.

Perros cruzados y mestizos o alanos

Este capítulo no estaría completo sin una breve mención a los encantadores canes resultantes de la mezcla de dos razas o de antepasados desconocidos. Los perros cruzados son animales fruto de la mezcla de dos razas diferenciadas. Los perros mestizos son de antepasados desconocidos. Dotados de lo que los científicos califican como «vigor híbrido», a menudo, aunque no siempre, combinan algunas de las más apreciadas características de sus antepasados. A pesar de no estar oficialmente reconocidos, proporcionan alegría y cariño a millones de personas.

Desgraciadamente, también son el producto de crianzas incontroladas y forman parte de la mayoría de los cachorros y perros abandonados por sus dueños y que acaban yendo a parar a las perreras. A pesar de los esfuerzos para educar a los dueños y disuadir de las prácticas de crianza indiscriminada, este problema persiste a escala mundial.

Un vínculo especial

Actualmente, los animales de compañía son uno de los factores que conforman lo que llamamos «calidad de vida». Durante los últimos 20 años numerosos estudios han confirmado los beneficios tanto psicológicos como médicos de que gozan los dueños de perros. En estos beneficios se han basado los programas de actividades asistidas con animales (AAA), también llamados «terapias con animales de compañía» o «terapias con animales». En estos programas se llevan a cabo interacciones con animales para ayudar a las personas con problemas físicos o psicológicos.

En las sociedades industrializadas, la mayor concentración de población, el descenso de la natalidad y la pérdida de los lazos familiares se ha traducido en una mayor importancia del rol psicológico de los animales de compañía. Muchas parejas escogen no tener hijos o bien demorar el nacimiento de estos hasta que la mujer se haya establecido profesionalmente. En muchos de estos casos, un animal de compañía se convierte en un miembro importante de la familia. Sin embargo, independientemente del estatus familiar, un perro siempre puede proporcionarle importantes beneficios.

Un compañero

Cuatro de cada cinco dueños de perros, lo que más valoran del animal es la compañía que proporcionan. Tener un compañero puede significar desde, simplemente, tener un perro cerca o bien que el perro puede ser de gran utilidad para llevar a cabo tareas específicas.

ARRIBA: Los perros cruzados y los mestizos son la mayor parte de los perros en casi todos los países. Si le es posible, antes de escoger a un cachorro mestizo, observe el temperamento de la madre.

Bienestar

Un aspecto sutil de la compañía que ofrece un animal es la proximidad física o intimidad que se establece entre este y su dueño. El sólo hecho de saber que nuestro perro está en la misma habitación nos produce un sentimiento de tranquilidad y cuanto más unidos estamos a nuestro perro, más posibilidades existen de que se le permita dormir con nosotros en la cama. Algunos perros duermen en la misma cama que sus dueños, mientras que otros pasan la noche en el exterior, en su propia casa o refugio.

El bienestar también puede proceder del contacto físico directo o, sencillamente, del afecto que el animal nos demuestra.

Relajación

Su perro puede ayudarle a relajarse. Está totalmente probado que una persona que se encuentre en un estado de tensión ve disminuidos los latidos del corazón y la tensión arterial cuando aparece su perro. Tener un perro puede ser una práctica de relajación para aquellas personas que soportan altos niveles de estrés en su trabajo.

Seguridad y protección física

El incremento de la delincuencia en algunas sociedades ha motivado que cada vez más personas tengan perros guardianes o centinelas destinados a su seguridad personal o de sus propiedades. Para estos casos, la tendencia es adquirir perros de raza grande y potencialmente agresivos como son el Doberman, Pastor alemán o Rotweiller, así como otras razas, como el Mastín napolitano y el Dogo de Burdeos, que han sido específicamente adiestradas como perros de guardia.

Pero en un perro no sólo es importante el tamaño o la agresividad potencial. Para muchos de nosotros el sentimiento de seguridad reside en saber que el animal detectará y reaccionará ante la presencia de un intruso mucho antes de lo que nosotros podríamos hacerlo, de forma que ello nos proporciona un margen mayor de respuesta ante tal situación. Por este motivo, muchos dueños de perros pequeños se sienten con su animal de compañía tan seguros como si se tratara de un perro grande y especialmente adiestrado para ser un perro guardián.

Seguridad emocional

Además de protección física, un perro también puede proporcionarnos protección psicológica. Por ejemplo, nos

Para muchos de nosotros, un perro es un escudo contra la soledad; un perro se convertirá en el compañero y amigo en quien poder confiar. Si usted se considera raro porque habla con su perro como si este se tratara de otro ser humano, no se preocupe. Usted no es raro, en absoluto. La mayoría de nosotros hacemos lo mismo.

Además de hablar con nuestros perros, utilizamos sistemas de comunicación habituales de los miembros de nuestra especie. Para consolar a nuestros perros, por ejemplo, nos expresamos con gestos primarios como abrir los brazos, acariciar, tirar besos y hablar con voz dulce; aunque los hombres suelen ser menos demostrativos que las mujeres al respecto.

FOTO SUPERIOR: El Golden Retriever es un perro que exige mucho afecto y, puesto que es extraordinariamente paciente, es extraño que no reciban el cariño que tanto les gusta.

puede dar la seguridad emocional para enfrentarnos o superar temores irracionales, como el miedo a la oscuridad o la ansiedad por quedarnos solos en casa.

Si usted está haciendo algo en un ambiente desconocido o rodeado de gente nueva, realizará mejor sus tareas o se comunicará mejor si tiene a su perro cerca. Por ejemplo, un estudio sociológico acerca del comportamiento humano demostró que las personas entrevistadas que iban acompañadas de su perro, se sentían más cómodas y relajadas que aquellas otras que no acudían con su perro de compañía.

Una ayuda para establecer nuevas amistades

Está comprobado que las personas a las que les gustan los perros tienen una mayor tendencia a disfrutar de la compañía de los demás y son más activos socialmente. Así que, si usted tiene un perro es más probable que sea una persona con más habilidad para establecer nuevos lazos de amistad.

Sin duda, los perros ayudan a romper el hielo cuando nos relacionamos. Lleve usted a su perro de paseo, y, posiblemente, aquel vecino reservado o incluso un completo desconocido le parará por la calle para conversar acerca de la apariencia y comportamiento de su perro. Los perros también resultan un vínculo importante entre los jóvenes y los ancianos.

Autorrealización y autoestima

Todos necesitamos sentirnos bien con nosotros mismos. Muchos lo alcanzamos mediante unas relaciones familiares positivas, el éxito en el trabajo, el deporte u otras actividades de ocio. Otros lo consiguen mediante la reputación que representa adquirir un perro de cierto prestigio. Un perro que pertenezca a una raza exclusiva o poco habitual, que haya resultado premiado en un concurso o que haya obtenido alguna distinción por su obediencia o agilidad.

Para algunos de nosotros, la mera responsabilidad de hacerse cargo de un ser vivo puede traducirse en un sentimiento de autovaloración, y si esa responsabilidad la cumplimos de forma efectiva, podemos obtener la aprobación y el aprecio de los demás.

Satisfacción estética

Para que su perro le proporcione satisfacción estética, no es preciso que gane un premio en un concurso. Si usted lo ha elegido por su carácter y apariencia, cada vez que lo mire se sentirá satisfecho.

Un aliciente para las actividades de ocio

Los perros son una parte importante de nuestro ocio. Les gusta jugar, además de estimularnos para que juguemos con ellos, lo que nos ayuda a relajarnos y a desarrollar un entusiasmo activo hacia la vida al apartar nuestra atención de las cargas que se derivan de las tareas domésticas o el trabajo. Para muchos de nosotros, simplemente el hecho de cuidar de un perro, como es alimentarlo, asearlo y llevarlo a hacer ejercicio, puede ser una actividad de ocio.

Beneficios para los niños

Aproximadamente, dos de cada tres familias que tienen un perro, también tienen niños. Uno se podría preguntar por qué los padres que tienen que hacer frente a la educación de una familia, además quieren adoptar a otro miembro no

El sensible Rough Collie (**A LA DERECHA DE LA FOTO SUPERIOR**) se siente muy unido a su dueño y es un buen perro guardián. El West Highland Terrier (**IZQUIERDA DE LA FOTO SUPERIOR**) es nervioso y le encanta la atención de su dueño.

dan a controlar la agresividad, a conocerse a sí mismos y a lidiar con los problemas de la vida.

Está comprobado que los niños confían en sus perros e invierten el mismo tiempo hablando con su perro acerca de los éxitos y fracasos cotidianos que con sus hermanos. El perro para el niño actúa de sustituto cuando no están sus padres o familiares. Es interesante subrayar que los niños más propensos a desarrollar habilidades sociales y empatía son los que conversan con sus animales de compañía y sus abuelos.

Apoyo emocional

Si la familia ha perdido a un ser querido, o si el adolescente está atravesando un período de particular dificultad, su perro puede proporcionarle el apoyo emocional que tanto necesita en esa etapa crítica de la vida.

Una actitud responsable y un mejor cuidado de la casa

Aquellos de nosotros que hemos tenido que soportar las huellas de patas enfangadas por toda la casa durante un largo invierno podemos albergar nuestras dudas acerca de si tener un perro contribuye a mantener un entorno limpio y aseado. Sin embargo, está comprobado que las familias con animales de compañía son, sin duda, más conscientes de la higiene que las que no tienen animales en casa.

humano, no existe una respuesta definitiva. Muchos creemos que tener un perro de compañía ayuda a los niños a aprender el sentido de la responsabilidad: un niño que aprende a cuidar de un animal de compañía es más susceptible de desarrollar una actitud atenta hacia sus compañeros.

También se puede hablar del valor pedagógico de tener un perro en la familia. Si nuestros hijos aprenden acerca de los procesos físicos del perro, como son la madurez sexual y la reproducción, y de cómo hacer frente a los problemas de salud y las enfermedades, estarán mejor preparados para sus propias experiencias en el futuro. La esperanza de vida de un perro es aproximadamente de diez a quince años; es decir, coincidente con el período de crecimiento y preparación para la vida adulta del niño. Crecer durante el período de vida del perro ayudará al niño a entender lo que es madurar, aprender, hacerse mayor, sufrir y morir. Cuidar a su perro puede enseñar al niño algunas valiosas «habilidades familiares».

La presencia de un perro en la familia puede ser de gran ayuda para que sus hijos superen la ansiedad, apren-

ARRIBA: Este cachorro de Airedale terrier se convertirá en un animal fuerte, resistente, obstinado y excepcionalmente fiel.

FOTO SUPERIOR: El Labrador Retriever es una de las razas más conocidas y el típico animal de familia.

Valor terapéutico

Con toda probabilidad, su perro le proporcionará muchos otros beneficios. Las estadísticas indican que probablemente usted:

○ Vivirá más tiempo.
○ Tendrá la tensión arterial más baja.
○ Disminuirá el riesgo de sufrir infartos, si es propenso a ellos.
○ Estará más motivado y será más decidido.
○ Será menos egocéntrico y más predispuesto a apoyar a los demás.
○ Sufrirá menos estrés y le será más fácil aliviar las tensiones.
○ Será más fuerte emocionalmente y menos propenso a la depresión.
○ Será menos agresivo.
○ Será menos estricto con los problemas de los demás.

Beneficios para los mayores

Los perros pueden ser especialmente beneficiosos para los ancianos, que a menudo descuidan su alimentación. Cuidar de la alimentación de su perro es un estímulo para alimentarse mejor y, además, el animal les proporciona compañía durante las comidas. A la mayoría de los ancianos no se les permite llevar consigo a su perro cuando ingresan en una residencia; no obstante, existen muchas y valiosas razones por las que no debería ser así.

Relaciones que fracasan entre dueño y perro

No todas las relaciones entre un dueño y su perro son un éxito. Podríamos decir que una de cada cinco fracasa; por lo tanto, tenga en cuenta que si su experiencia no ha sido positiva, no es usted el único. Haga un esfuerzo para analizar los motivos. El veterinario podría ayudarle a identificar las causas.

Un perro puede resultar un problema porque:
○ No se escogió adecuadamente; por lo que no encajó en su entorno, familia o estilo de vida.
○ No se le adiestró correctamente debido a la ignorancia o falta de resolución por su parte.
○ El perro tenía un problema genético.

Si puede identificar las causas de los problemas que tuvo con su anterior perro, y evitarlos, inténtelo de nuevo. Tener un perro de hecho puede ayudarle a mejorar su calidad de vida.

FOTO SUPERIOR: Está comprobado que las personas mayores con perros se muestran más motivados y resueltos que los que viven solos.

UN NUEVO PERRO PARA USTED

Escoger a su compañero

S i usted ya ha tenido un perro y ha experimentado el vínculo inigualable que se puede establecer entre ambos, entonces ya debe de saber que ser el dueño de un perro implica una responsabilidad constante, un compromiso a largo plazo, ser considerado con los demás y desarrollar una actitud responsable hacia la sociedad. También debe de saber que un perro, si se trata adecuadamente, puede ser un amigo fiel y afectuoso y ofrecer a su dueño años de cariño y devoción.

No permita que el corazón domine a la cabeza cuando escoja a su perro. Tenga en cuenta el tamaño (altura, longitud y peso) que puede alcanzar el cachorro cuando sea un perro adulto, la cantidad de comida que necesitará, el temperamento que puede tener, los posibles problemas de salud que pueden surgir y la esperanza de vida del animal.

Antes de decidirse por el perro que será su animal de compañía, sea el primero o no, hágase las siguientes preguntas:

¿Qué espera usted del perro?

○ ¿Quiere que su perro sea un miembro más de la familia que comparta su hogar y su vida?

○ ¿Quiere que sea un perro centinela que le pueda alertar de la presencia de extraños o que proteja su casa cuando usted está ausente? Muchos perros, independiente-mente del tamaño, le alertaran si algo extraño ocurriera, si un intruso apareciera en su propiedad y le facilitaran, en la mayoría de los casos, la prevención y protección que fuera necesaria. Si usted desea un perro que sea el guardián ideal, será necesario que le proporcione el adiestramiento y cuidado adecuados. Si usted no tiene la suficiente experiencia para ello, no adquiera este tipo de perro.

○ ¿Quiere que su perro obtenga premios en exhibiciones u otro tipo de concursos? Si es así, ¿por qué?

○ Haga una lista de sus expectativas para después poder escoger la clase de perro que pueda cumplirlas.

¿De quién será el perro?

Asegúrese de saber quién se responsabilizará y cuidará de su perro. Haga que todos los miembros de la familia se impliquen en esta toma de decisión y asegúrese de que sólo una persona aceptará el compromiso de responsabilizar-se del animal y actuar de líder del grupo.

ARRIBA: Es importante que sólo una persona sea el dueño «oficial» de un perro, y actúe como el «líder del grupo».

FOTO SUPERIOR: Antes de que regale un perro alegremente, considere si la persona que lo va a recibir quiere y es capaz de aceptar la responsabilidad, y de proporcionar el ambiente y estabilidad que el perro necesita.

¿Tiene usted los conocimientos adecuados? Si es la primera vez que usted es propietario de un perro, asegúrese de que sabe con lo que se va a comprometer. Un perro no sólo necesita comida, ejercicio y cuidados. Necesitará adiestramiento, atención médica regular durante toda su vida y puede precisar cuidados especiales al hacerse mayor.

¿Dispone usted del tiempo necesario? Será preciso que invierta mucho tiempo en la educación y adiestramiento de su cachorro y que le dé la compañía que necesite durante las diferentes etapas de su vida. Durante un período de varios años, usted deberá dedicar miles de horas en el adiestramiento y cuidados generales del animal.

¿Es usted capaz de cumplir con el compromiso? Debe estar dispuesto a perder parte de su libertad, a comprometerse durante diez, quince o quizás más años. Es posible que usted lo haya hecho con anterioridad, pero ¿es capaz de hacerlo de nuevo?

¿Puede usted proporcionar al cachorro el entorno adecuado? ¿Su casa es lo suficientemente grande como para la clase de perro que usted desea? ¿Existen zonas cerca de su casa dónde llevar al perro para que haga ejercicio? ¿Será posible mantener al perro en la casa y evitar así que vagabundee por el vecindario?

¿Puede usted hacer frente a los gastos? Además del coste inicial de la compra de un perro y sus accesorios, existen los gastos constantes para la comida, vacunaciones anuales y los cuidados médicos, y, quizás, una intervención quirúrgica para capar al animal. Puede que sean precisos gastos extras por inscripción, un cercado para el jardín, clases de adiestramiento o una residencia canina para cuando usted esté de vacaciones.

¿Puede usted ofrecer un hogar estable a su perro? ¿Es posible que sus circunstancias puedan variar en un futuro próximo? ¿Podría ser que el dueño del perro se desplazara a vivir a una universidad, se mudara a otra ciudad o viajara al extranjero por algún tiempo? ¿El dueño potencial es un anciano, está enfermo o podría contraer alguna enfermedad que pudiera afectar sus capacidades para encargarse del perro?

¿Qué sexo prefiere para su perro? Decida si quiere un macho o una hembra o, en cualquier caso, si decidirá esterilizar al animal. Por lo general, las hembras

ARRIBA: Puede sentir la tentación de comprar un cachorro (o dos) porque es muy gracioso, pero no olvide que cuando crezca, necesitará otros cuidados, además de la mera alimentación y ejercicio. Necesitará adiestramiento, atención médica regular y cuidados especiales cuando se haga mayor.

son más pequeñas que los machos, más dóciles y más fáciles de entrenar. A menos que sean esterilizadas, tienen un ciclo estral (o entran en celo) cada seis meses.

¿Un perro es el animal más adecuado? Piense detenidamente acerca de esto. ¿Puede que un gato o algún otro animal de compañía fuera más apropiado? Evalúe las diferentes opciones antes de comprometerse.

La integración de un nuevo perro con otro que usted ya tiene

Puede que usted ya tenga un perro, quizás desde hace años, pero desee integrar a otro en el hogar. El hecho de que esto pueda causar problemas o no dependerá de varios factores, incluyendo la edad de los perros o de cómo proceda usted para integrarlos.

Será necesario que los perros establezcan su propia jerarquía en la casa (cuál de ellos será el dominante y cuál el subordinado). Puede que esto conlleve pocos o ningún problema: un cachorro, por ejemplo, posiblemente ceda terreno a un perro mayor, el cual, sin duda, será de naturaleza dominante. Sin embargo, podrían surgir problemas si el nuevo perro es un adolescente que decide ser el

dominante y el otro animal no está de acuerdo. (Para más detalles, ver pp. 71-72, *Agresividad entre dos perros en la misma casa).*

Escoger a un perro

Es importante que usted escoja a su perro en función de las circunstancias y de su capacidad para cuidar de él adecuadamente.

Un antiguo refrán dice: «No hay malos perros, sólo malos dueños». En muchos casos es cierto, aunque algunos perros heredan problemas de carácter. La mayoría de los llamados problemas del perro son en realidad problemas de los dueños debidos a la mala combinación resultante de la raza del perro (con sus particulares necesidades y temperamento) y el dueño (con su propio temperamento y estilo de vida).

Una mala combinación puede traducirse en una nula vida social del perro en un entorno totalmente inadecuado. Bajo estas circunstancias, es muy posible que aparezcan problemas de comportamiento.

Si a un Terrier, cuyo instinto natural es escarbar, se le deja solo en un pequeño jardín, probablemente destroce los macizos de flores y cave por debajo del cercado para escapar. Si un perro que necesita estar acompañado, ve partir a su dueño hacia el trabajo y permanece solo en casa durante las siguientes ocho horas, muy probablemente sufra de ansiedad por separación.

Las personas que quieren un perro como protección a menudo escogen a un perro grande de alguna raza de «guardianes». En muchos de estos casos, precisamente el tamaño y fuerza del perro puede convertirse en un problema. Si no les apetece o no son capaces de proporcionarle un adiestramiento adecuado, ni de evitar que el perro tome la iniciativa cuando sale de paseo, el dueño acabará por dejarlo solo en el jardín, posiblemente demasiado pequeño para que haga ejercicio. Al sentirse encerrado y frustrado, el perro acaba por aburrirse y empieza a cavar agujeros, gañir, aullar y ladrar a cualquier cosa o persona que pase por ahí. Si el jardín está cercado, el perro encontrará

ARRIBA: Este joven macho de Alaskan Malamute crecerá hasta alcanzar un tamaño considerable.
FOTO SUPERIOR: Los galgos de carreras retirados, como el de la foto, son unos compañeros excelentes; no obstante, tienen tendencia a perseguir todo aquello que se mueva, motivo por el que podrían necesitar un readiestramiento especial.

el menor agujero desde donde atisbar la proximidad de cualquiera que pase por ahí para ladrarle con malicia, dándole un susto de muerte al viandante, lo cual representará la recompensa que incite al perro a repetir el proceso. si no se pone fin a este comportamiento, el perro podría acumular agresividad y convertirse en un potencial peligro para las visitas.

¿Pura raza o perro mestizo?

Hay miles de perros mestizos (a veces también llamados de raza cruzada) en refugios de perros y tiendas de animales que esperan encontrar un hogar. Muchos de ellos serían un compañero ideal, y el «vigor híbrido» resultante de su parentesco mezclado (a menudo desconocido) puede ser garantía de una constitución saludable, por lo que tienen una menor tendencia a contraer las enfermedades hereditarias o los defectos característicos de una raza en particular.

La mayor desventaja en cuanto a esta elección es que no se conocen las razas de las que descienden. Por la forma y el tamaño, podemos hacernos una idea de su origen, pero en cualquier caso, la información acerca del temperamento del animal será mucho menor que si se trata de un animal de pura raza.

Si se decide por uno de estos perros, insista en tenerlo a prueba durante un período de un mes como mínimo.

Adopción

Usted puede enterarse de la existencia de un perro adulto que necesita un nuevo hogar. Investigue los motivos. Podrían ser legítimos: por ejemplo, una familia obligada a emigrar y que no puede llevar al perro consigo; o bien que el dueño puede haber caído enfermo o quizá se ha mudado a una casa más pequeña y ya no puede cuidar del perro. No obstante, podría ser que el dueño quisiera desembarazarse del perro porque este tiene problemas de comportamiento;

ARRIBA: Un perro mestizo puede ser un compañero ideal, aunque sería sensato tenerlo por un período de prueba de un mes para poder conocer su verdadero temperamento.

en este caso, sería mejor buscar otra opción. Tenga en cuenta que algunos problemas son más fácilmente superables que otros, así que trate de descubrir las razones de que un perro sea idóneo para su adopción antes de tomar una decisión.

En perros de mayor edad, la agresividad y la tendencia a huir no se corrigen tan fácilmente y le recomendamos que en ese caso siguiera buscando. Sin embargo, propietarios que se ausentan de casa durante casi todo el día quizá quieran dejar de tener un perro porque este se encuentra angustiado al estar solo tanto tiempo. Este perro sería perfecto para su hogar. O quizá los dueños consideran un gasto excesivo el cuidado del perro. Determinadas razas, por ejemplo, requieren cuidados profesionales cada tres meses: Aireadles y los Fox Terriers se les tiene que cortar todo el pelo, a los Caniche también. ¿Sería esto muy costoso para usted?

Es posible adoptar algunos galgos cuando se han retirado de las carreras. Son generalmente dóciles y se adaptan bien en un entorno familiar. Ahora bien, puesto que han sido adiestrados para perseguir todo aquello que se mueva

o tenga pelo, pueden resultar un peligro para algunas casas o mascotas del vecindario.

Escoger una raza

Si usted ya tiene o ha tenido un perro de una raza en particular, puede que decida volver a escoger la misma.

Por otro lado, puede que haya tenido un perro cruzado o un mestizo y quiera ahora probar con uno de raza. Si es así, recuerde que cada raza se caracteriza por un tamaño, forma y temperamento particular, por lo que necesitará pensar detenidamente cuál es la que más le conviene.

Tenga en cuenta los siguientes puntos para decidirse por una raza en particular:

○ El tamaño del perro que usted quiere.
○ El motivo por el que lo quiere: ¿desea un perro de compañía, de concurso, para realizar algún trabajo, para adiestrarlo en la obediencia o un perro guardián?
○ ¿Tiene usted previos conocimientos y experiencia con perros o con alguna raza en particular?
○ La fuerza de la raza por la que usted se decante (es preciso que el perro escogido no le domine físicamente).
○ El tipo de casa en que usted vive, la cantidad de espacio interior y exterior.
○ El entorno en el que usted vive: ciudad, zona rural o semirural.
○ El número y clase de personas que viven en la casa. Algunas razas son menos pacientes con los niños y otras son traviesos con los ancianos y enfermos.
○ La cantidad de compañía que usted puede ofrecerle a su perro.
○ La cantidad de tiempo que puede invertir en el aseo y alimentación de su perro.

ARRIBA: El Lhasa Apso fue criado originalmente por los monjes budistas para ser un perro guardián de interior.

FOTO SUPERIOR: Si usted no quiere que su cachorro le mordisque sus cepillos y peines, no permita que él juegue con su equipo de belleza.

○ La cantidad de tiempo que puede invertir en el aseo y alimentación de su perro.

○ La cantidad de tiempo que puede dedicar para ejercitar a su perro.

○ La cantidad de adiestramiento que usted puede proporcionarle. Algunas razas necesitan mano firme y adiestramiento especializado.

○ El clima. Las razas de hocico romo, como el Bulldog, pueden tener problemas respiratorios si viven en un clima caluroso. Para un clima tropical o subtropical, contemple la elección de un perro con poco pelaje y hocico largo. Las razas con pelaje espeso mudan el pelo durante los cambios de estación. Algunas razas de climas fríos son el Chow Chow, el perro Spitz, el Samoyedo, el Elkhound noruego y el Terranova.

Si usted sabe cómo y por qué tuvo lugar el proceso de selección de una raza, le será más fácil entender la naturaleza y comportamiento instintivo del perro que está pensando en adquirir.

Lea acerca de las razas que prefiere para discernir cuál es la que más le conviene. Hablar con el veterinario local puede ser muy útil para ayudarle a escoger la raza que a usted más le conviene, ya que trata con diferentes razas en su trabajo. Recuerde que existen grandes diferencias entre los perros pertenecientes a una misma raza, por lo que es fundamental que evalúe detenidamente las particularidades individuales.

Escoger al criador de perros

El objetivo los criadores responsables es conseguir perros sanos que reúnan las características que dictan los estándares internacionales. También intentan que cada cachorro encuentre al dueño que mejor podrá cuidarlo. Examinan el tipo de persona y hogar potencial del cachorro, facilitan información clara y concisa acerca de la raza del perro, recomiendan la dieta más adecuada y aconsejan acerca de los cuidados médicos y programa de vacunas.

¿Cómo puede usted conocer las diferencias entre un buen o un mal criador?

○ Obtenga información del club de perros nacional o de una asociación de criadores.

○ Recopile información de los clubs de perros de su zona.

○ Hable con dueños de la raza de perro que usted piensa comprar e intente averiguar qué tipos de problemas les ocasiona el animal, así como dónde lo adquirieron.

ARRIBA: Si no está seguro de cuál será la mejor raza para usted, hable con su veterinario local, ya que al tratar con diferentes razas en su trabajo es una persona idónea para aconsejarle.

○ Tener entre siete y ocho semanas.

○ Haber acabado el período de lactancia.

○ Estar desarrollado suficientemente como para poder ser independiente de la madre.

○ Haber sido observado mientras aún dependía de la madre (para que usted haya podido valorar el temperamento de esta).

○ Despierto, listo y saludable.

○ No demasiado agresivo hacia los humanos o el resto de la camada.

○ Mostrarse deseoso de ir con usted.

○ Tener las zonas de alrededor de los ojos, hocico y anal limpias y mostrar una piel saludable.

Requisitos que debe cumplir el criador:

○ Facilitarle información exhaustiva acerca de la dieta que necesita el cachorro ahora y cuando crezca.

○ Facilitarle la documentación que acredite el pedigrí si fuera necesario.

○ Facilitarle el historial médico de las vacunaciones y desparasitaciones.

○ Trate de acordar con el criador un período de prueba en el caso de que haya algún tipo de incidencias.

○ Asegúrese de que el cachorro ha pasado una exhaustiva revisión veterinaria.

○ Lleve al cachorro a un veterinario después de adquirirlo.

○ Nunca se quede con un cachorro que proceda de una camada en la que haya habido casos de enfermedades.

○ Hable con el veterinario local. Los dueños de perros que han tenido problemas físicos o de comportamiento como consecuencia de un programa de crianza ineficaz consultan con el veterinario, de modo que estos profesionales tienen muy buena información acerca de qué criadores son los mejores.

Una vez que ya hayan identificado cuáles son los criadores con mejor reputación, intente averiguar cuáles son los fines de su trabajo. Tenga en cuenta que algunos criadores se dedican a los perros para concurso, pero el descendiente de un perro galardonado no tiene por qué ser la mejor opción para usted. Interésese por saber acerca de los vástagos de las razas a cargo del criador, compruebe si han tenido algún problema y, en el caso de tener alguna duda, consulte con el veterinario local.

Escoger al cachorro

No compre un cachorro por impulso. Analice su elección previamente y tómese su tiempo para recopilar la máxima información posible antes de decidirse.

Si es posible, visite al criador antes de que la madre haya parido. Intente conocer tanto a la madre como al padre de la camada, visite a los cachorros durante el tiempo de lactancia. Asegúrese de que es usted quien escoge al cachorro y no deje que se lo «asignen».

Si usted no está interesado en adquirir un perro para exhibición o concurso, usted puede adquirir un perro que cumpla sólo las condiciones de un perro de compañía. En este caso, la compra será más económica, pero condicionada. Por ejemplo, no podrá inscribirlo como perro de pedigrí, no podrá utilizarlo para criar y, en especial si es una hembra, tendrá que esterilizarla.

Seleccionar el temperamento de su cachorro

Es posible que usted quiera un cachorro con las características ideales que se describen en los estándares y normas de su raza. Sin embargo, tenga en cuenta que existen diferentes tendencias entre un individuo y su linaje.

Una correcta selección del temperamento empieza por el criterio del criador. Un criador de reputación supervisa y realiza un seguimiento del temperamento y desarrollo de los cachorros.

Algunos criadores concentran sus esfuerzos en calibrar y mejorar las características físicas de la raza con la intención de conseguir premios en concursos. Para estos no será tan importante las características del temperamento durante la crianza.

Sin embargo, los jueces actualmente dan más importancia al temperamento, por lo que pueden penalizar a aquellos perros que no respondan al patrón característico de su raza.

ARRIBA: Cuando su «actual» perro y el cachorro entren en contacto, necesitarán establecer una jerarquía. Por norma general, el cachorro se someterá al perro mayor.

Adquiera siempre su perro de un criador de reputación y no olvide prestar atención al temperamento de la madre del cachorro (y del padre si es posible). Esto le ayudará a evitar problemas en el futuro, pero tenga en cuenta que no necesariamente el cachorro se comportará igual cuando crezca. Por ejemplo, el cachorro más sumiso de la camada podría convertirse en un animal enérgico al establecerse en su nuevo hogar.

El temperamento de un perro puede verse muy influenciado por el estilo de su entorno y dueño, por lo que no olvide que usted y su familia serán decisivos para el comportamiento de su perro.

ARRIBA: Aunque el Labrador Retriever está considerado como el perfecto ejemplo de perro para vivir con una familia, algunos ejemplares no siempre están a la altura de su fama en cuanto a ser afables, agradables e idóneos para una familia.

LOS CUIDADOS DE SU PERRO
Desde el cepillado hasta la preparación para un viaje

Tanto si usted ha adquirido un cachorro como si se trata de un perro adulto, el temperamento, felicidad y salud de su perro dependen mucho de la forma en que usted y su familia lo trate.

Un hogar para el recién llegado

Entre las tres y las dieciséis semanas de edad, un cachorro atraviesa por un importante período de aprendizaje. Durante esta época, las experiencias por las que atraviese le marcarán para siempre.

Cuando el cachorro llegue a su nuevo hogar, se encontrará desprovisto de la comodidad y compañía de su madre y del resto de la camada, y sentirá que su entorno es desconocido. Es importante que usted inicie el período de socialización, proporcionando al cachorro una integración relajada en el ambiente familiar y enseñándole a relacionarse con las personas y otros animales mediante una interacción agradable con los miembros de la familia, los amigos y las mascotas del hogar.

Aléjelo del estrés

Aleje al cachorro de los ruidos bruscos como los portazos o llantos de los niños, limite el número de personas con las que el cachorro entre en contacto e intente que se acostumbre a los desconocidos de una forma gradual.

No permita que los niños acaricien demasiado al cachorro ni que lo molesten cuando está descansando o durmiendo.

Comodidad

Proporciónele un lecho confortable y que conserve una temperatura agradable. Si no le es posible comprar una canastilla o lecho especial para perros, adecue una caja grande de cartón, con las esquinas recortadas de forma que no tenga formas puntiagudas. En el fondo de la caja, coloque una capa gruesa de periódicos cubierta con una manta lavable. Si se decide por comprar una cama o canastilla especial para perros, asegúrese de que es lo suficientemente grande como para que su cachorro se encuentre cómodo cuando crezca.

Coloque la cama del cachorro en el mismo lugar donde quiera usted que duerma cuando crezca (escoja un rincón tranquilo). Para las primeras noches, un juguete blando y grande, además de colocar una botella de agua tibia (pero no caliente) debajo de la cama, será de gran ayuda para que el cachorro se instale. Puede que el cachorro se sienta inquieto y se muestre ruidoso durante las primeras noches porque ya no está con la camada. Una radio con el volumen bajo o el tic-tac de un despertador puede ayudarlo a calmarse.

Proporciónele el máximo de contacto corporal mientras esté despierto. Hable con su cachorro; con voz suave para demostrarle confianza o utilizando un tono de voz malhumorado cuando quiera regañarle por algo.

ARRIBA: Este Dogo de Burdeos al que le están saliendo los dientes se alivia mordiendo un juguete.
FOTO SUPERIOR: Es fundamental que su cachorro disponga de un rincón tranquilo en donde dormir.

Precauciones de seguridad

De cara a los preparativos para recibir al recién llegado, tenga en consideración los aspectos de seguridad en el hogar, al igual que si se tratara de un niño.

○ Coloque los productos químicos o nocivos fuera del alcance del cachorro y retire del jardín productos tóxicos como cebos para caracoles.

○ Mantenga todos los cables fuera del alcance del cachorro para evitar que pueda mordiscarlos.

○ No deje comida o medicamentos con envoltorios de plástico, aluminio o papel al alcance del cachorro.

○ Asegúrese de que el cachorro no tenga acceso a los cubos de la basura.

○ Considere los riesgos relacionados con los productos habituales para el hogar y el jardín, como azaleas y azafrán.

○ Recuerde que las chispas de un cigarrillo o una chimenea pueden dañar los ojos o la piel de su cachorro.

○ Se deben extremar las precauciones con el uso de segadoras, bicicletas, skateboards, patines y similares.

○ Vigile que su perro no esté cerca cuando vaya a arrancar el automóvil.

○ Asegúrese de que su cachorro no pueda saltar el cercado de una piscina.

ARRIBA: El clásico Basset Hound se lleva bien con los niños y puede adaptarse tanto a un clima caluroso como frío. No obstante, es famoso por encontrar comida en los lugares más escondidos de la casa.

FOTO SUPERIOR: Una selección de juguetes de goma seguros.

Comida y bebida

Al principio, no varíe la dieta que el cachorro tenía antes de unirse a la familia.

No introduzca ningún cambio hasta pasados unos días para evitarle molestias digestivas.

Se recomienda encarecidamente las equilibradas dietas específicas para perros que existen en el mercado. Asegúrese de que su cachorro disponga siempre de agua limpia. Un tazón hondo de acero inoxidable o de cerámica mantiene el agua fresca, y en verano puede añadirle hielo.

Juegos, juguetes y mordiscos

A los cachorros les encanta jugar. Jugar con el resto de la camada es una forma de hacer ejercicio y de aprender a competir por su lugar en la manada. No sea duro con su cachorro, pero tenga en cuenta que durante estos primeros juegos el cachorro tiene que aprender que los miembros de la familia tienen un rol dominante. Exprese desaprobación si su cachorro intenta llevar el mando.

Los cachorros mordiscan los objetos en parte porque les alivia durante la época de dentición y, también, porque es una forma de conocer su entorno. Satisfaga esta necesidad con juguetes u otros objetos de goma, pero asegúrese de que:

○ Están hechos de un material seguro.
○ Son suficientemente grandes como para que no pueda tragárselos.
○ No son parecidos a los objetos que usted no quiere que mordisque. Por ejemplo, si usted le proporciona una zapatilla vieja a su cachorro, no se sorprenda si luego decide limar sus dientes con uno de sus zapatos caros. Aún es demasiado joven para conocer la diferencia. El cuero crudo es ideal porque su cachorro no lo confundirá con ningún otro objeto.

Adiestramiento en casa

La mejor edad para adoptar a su cachorro es cuando tiene entre siete y ocho semanas, puesto que es en esta época cuando empieza a desarrollar lo que se conoce como «preferencia de sustratos»: la selección de determinadas zonas

Infecciones que su perro puede contagiarle

Hay algunas infecciones que pueden pasar de los perros a los humanos: la rabia; parásitos intestinales como ascárides, anquilostomas o la céstodos; leptospirosis y otras infecciones como *campylobacter* y salmonela; así como la tiña.

○ Evite el contacto con la orina y defecaciones del perro.
○ Lávese siempre las manos después de tocar a un perro.
○ No deje que un perro le lama la cara.
○ No ingiera comida que pueda haber sido lamida por un perro.

Las normas de la casa

El cachorro es otro miembro más de la familia que compone «la manada», incluyendo a las personas y otros animales domésticos. Debe demostrarle que usted es el líder de la manada y que él se encuentra en la última posición de la jerarquía familiar. Una vez que haya aprendido cuál es su lugar, será más dócil y más fácil enseñarlo a obedecer las órdenes. El cachorro buscará que el líder de la manada le proteja y tome decisiones por él.

Será necesario que empiece a enseñarle a su cachorro cuáles son las normas de la casa. Cuando ya se haya adaptado, puede empezar a enseñarle las órdenes básicas (ver pp. 56-59, *El adiestramiento de su perro).*

FOTO SUPERIOR: Un zapato viejo resulta un juguete ideal para morder, pero ¿puede este Boxer distinguirlo de un par nuevo de zapatos de marca?
FOTO SUPERIOR DERECHA: A los cachorros les encanta jugar y, además, es una forma de aprender a competir por su lugar dominante en la manada.

para realizar sus evacuaciones. Esto significa que se alecciona al perro para que se acostumbre a identificar un espacio de arena o hierba en el que pueda hacer sus necesidades.

Anticípese a las necesidades de su perro. Saque a pasear a su perro cuando se despierte por la mañana, después de las comidas o de un período de ejercicio y siempre que se muestre inquieto (cuando camina en círculos y olfatea el suelo). En estos casos, es importante que saque lo antes posible al cachorro al exterior, lo acompañe (no se quede en la puerta esperando que el cachorro termine) a una zona específica del jardín y espere hasta que haya evacuado. Felicítelo siempre al acabar. Es importante que usted vaya con él porque si no, es muy posible que dé unos pasos y regrese enseguida con usted sin que se haya aliviado.

Sería positivo que usted utilizara una «palabra orden» (muchos adiestradores utilizan la palabra «ocupado» o «a trabajar») cuando saque a su cachorro fuera. De este modo, el perro aprenderá a relacionar la palabra con la acción. Cuando ya lo haya aprendido, puede adiestrarlo para que evacue en la zona escogida de la casa, en lugar de una zona pública. Recoja siempre las defecaciones (existen unas palas específicas para ello) y deposítelas en un lugar adecuado.

No deje que su perro recorra con libertad cualquier lugar de la casa, ya que podría sentirse desorientado y evacuar en cualquier zona. Es preciso que usted lo acompañe al exterior si el perro se muestra inquieto.

Los cachorros tienen la vejiga pequeña y poca contención urinaria. No espere que pueda estar desde las ocho de la mañana hasta las ocho de la noche sin orinar. Sáquelo a pasear por la noche, a las once es una buena hora, y levántese a las cinco de la mañana para sacarlo de nuevo.

Si el cachorro ha evacuado en la casa, no se muestre enfadado ni lo castigue. Si no lo ha visto al hacerlo, olvide el asunto.

Si usted sorprende al cachorro durante la acción, dígale «no» con firmeza, llévelo al exterior y felicítelo. Si es posible, recoja «el resultado» y llévelo consigo para que el cachorro relacione la evacuación con la zona exterior.

Tenga en cuenta que el cachorro tiene una capacidad de atención de sólo unos segundos, por lo que no podrá enseñarle que ha hecho algo mal después de transcurrido un rato.

Socializarse

Es necesario que su cachorro aprenda a socializarse con los otros animales del hogar.

Si usted tiene un gato, llévelo al veterinario para que le arregle las uñas y así evitar que pueda herir los ojos del cachorro. No permita que el cachorro persiga al gato y si es necesario, téngalo sujeto con una correa cuando el gato está cerca. Distraiga su atención en el caso de que intente perseguir al gato y enséñelo para que de forma progresiva se relacione con este con docilidad.

Si usted tiene otro perro, llévelos juntos fuera de la casa. Demuestre mucha atención hacia el perro mayor y supervise a los perros cuando jueguen. Déles de comer por separado y no deje que estén los dos solos hasta que el cachorro se haya adaptado por completo al hogar. Incluso entonces sería más sensato que el cachorro tuviera una zona para resguardarse del otro perro. Por ejemplo, una caja de cartón o una casita para perros con la puerta pequeña para evitar el acceso al perro mayor.

No permita que su cachorro entre en contacto con los otros perros del vecindario hasta que no haya completado el programa de vacunas. Si fuera posible, inscriba al cachorro en una guardería para perros (ver p. 56, *El adiestramiento de su perro*).

Si hay otros animales en la casa, no tarde en presentarles al cachorro. Acostúmbrelo a estar presente mientras usted se encarga de los otros animales, y anímelo a que tenga un comportamiento amistoso con estos.

Permita que el cachorro esté presente cuando vengan visitas, pero asegúrese de que estos encuentros sean tranquilos y relajados, de forma que resulten agradables para el cachorro.

No deje que los niños agarren al cachorro bruscamente, y asegúrese de que este dispone de un lugar seguro en el que resguardarse cuando se sienta agobiado.

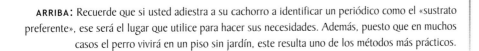

ARRIBA: Recuerde que si usted adiestra a su cachorro a identificar un periódico como el «sustrato preferente», ese será el lugar que utilice para hacer sus necesidades. Además, puesto que en muchos casos el perro vivirá en un piso sin jardín, este resulta uno de los métodos más prácticos.

El territorio

El cachorro sólo podrá disponer de una pequeña zona en la casa hasta que no esté adecuadamente adiestrado para saber en donde hacer sus necesidades. Un parque de juegos portátil puede ser muy útil para las zonas interiores. También puede utilizarlo para llevar al perro durante un rato al jardín.

Una vez que esté adecuadamente adiestrado para saber en dónde hacer sus necesidades, usted delimitará las zonas de la casa por las que el cachorro puede circular libremente.

Asegúrese de que el jardín de la casa está correctamente cercado y que las cancelas tienen método de cierre. Debido a que los perros son territoriales por naturaleza, no pasará mucho tiempo hasta que aprenda a reconocer sus propios límites.

No deje que el cachorro tenga contacto con los otros perros hasta que haya completado toda la serie de vacunas, aproximadamente entre las doce y las dieciséis semanas de edad. Puede llevar a su cachorro a una guardería para perros (con preferencia, una que esté dirigida por alguna clínica veterinaria) hasta que haya finalizado el programa de vacunas, puesto que estos centros ofrecen garantías en cuanto a un perfecto mantenimiento sanitario (ver p. 56, *El adiestramiento de su perro).*

Evite los parques, zonas naturales y otros lugares en donde se suele llevar a los perros de paseo.

Si la legislación local lo permite, lleve a su cachorro a la playa para los paseos matutinos y limítese a las zonas seguras y limpias (la marca de arena húmeda que ha dejado la marea), puesto que el agua ha limpiado la arena durante toda la noche.

No se aproxime a las zonas de arena seca ni deje que su perro entre en contacto con otros perros. Por supuesto, es preciso que recoja las defecaciones de su cachorro.

Vacunas

Ver p. 81, *Proteja la salud de su perro.*

Parásitos

Ver pp. 85-90, *Proteja la salud de su perro.*

Parásitos intestinales

Ver pp. 91-92, *Proteja la salud de su perro.*

El adiestramiento con correa. Ejercicio

Cuando su cachorro ya haya completado el programa de vacunas, es aconsejable que lo lleve a hacer ejercicio, y recuerde que debe haberlo adiestrado para llevar collar e ir sujeto con correa.

El collar y el adiestramiento para ir con correa

Ver pp. 61-62, *El adiestramiento de su perro.*

El ejercicio de su cachorro

Su cachorro ha de sentirse cómodo con el ejercicio. No lo fuerce ni lo lleve atado a una bicicleta o con un paso demasiado enérgico. Una correa retráctil es ideal porque permite al cachorro ir a su paso. Abandone el ejercicio si observa que su perro está cansado o nervioso.

ARRIBA: Si el cachorro hace ejercicio con niños, dejar que el animal vaya a su paso y evitar que se fatigue.
FOTO SUPERIOR IZQUIERDA: ¿Su perro tiene un aliento fresco? Una dieta adecuada y un pronto adiestramiento en la «limpieza bucal» mantendrá sana la boca.
FOTO SUPERIOR DERECHA: Una pieza básica del equipo de cepillado es esta manopla.

Si quiere correr con su cachorro, limite esta actividad a períodos cortos de tiempo. Extreme el cuidado si su cachorro es de una raza grande, puesto que el desarrollo óseo es más lento de lo habitual, lo que significa que un ejercicio demasiado prolongado podría ser perjudicial para los ligamentos o huesos. Ante cualquier duda, evite que el cachorro corra hasta que usted consulte con el veterinario o criador.

Antes de salir a pasear, pronuncie la «palabra orden» para que su cachorro evacue dentro de la casa (ver p. 32, *Adiestramiento en casa)*. Si, en cualquier caso, evacua en el exterior, recoja los excrementos y deposítelos en un lugar adecuado (muchas autoridades locales facilitan papeleras para ello). En las defecaciones de perro pueden existir huevos de lombrices, anquilostomas o larvas; lo que supone un serio riesgo para la salud (ver pp. 85-90, *Proteja la salud de su perro).*

Dentición

Entre los tres y los seis meses su cachorro perderá los dientes de leche de forma gradual para dejar paso a los dientes definitivos. El proceso varía en función de la raza y del perro en particular, pero la dentición suele empezar por los incisivos, seguidos de los premolares, molares y caninos.

Sería de gran ayuda para este período de dentición que le proporcionara a su cachorro tanto comida blanda como dura y, en general, alimentos destinados a mascar repetidamente como pueden ser las galletas para perros. El mascar ayuda a reemplazar los dientes de leche y también es beneficioso para disminuir la aparición de sarro.

Higiene dental

Para los perros, al igual que para las personas, una dieta correcta ayuda a mantener los dientes limpios y las encías sanas. Sin embargo, puede aparecer el sarro, especialmente cuando el perro envejece, por lo que es preciso un control regular.

En el veterinario local podrá adquirir dentífrico para perros. Adiestre a su perro para que le permita un cepillado dental suave.

También puede adquirir alimentos que por sus cualidades abrasivas resultan muy útiles para la higiene bucal. Consulte con su veterinario.

El cepillado de su perro
Peines y cepillos

Tan pronto como usted tenga a su cachorro en casa, debe acostumbrarlo a que lo cepille y manipule para el correcto examen del animal. Establezca una rutina diaria durante la cual tumbará a su cachorro en una superficie especialmente destinada para esta actividad, por ejemplo una alfombra vieja. Sea en el suelo o en una mesa, debe examinar la boca, dientes, ojos, orejas, patas y otras partes de la anatomía del animal. Cepíllelo aunque no lo necesite. Esta rutina facilitará el que su perro acepte que se le examine y cepille, por lo que usted detectará con rapidez la existencia de pulgas, suciedad o cualquier problema cutáneo o del pelo.

Intente que estas sesiones sean agradables para el cachorro, felicítelo y prémielo por su buen comportamiento.

El equipo básico para el cepillado debe incluir cepillo para perros, peine, manopla, esponja, bolitas de algodón, una toalla, tijeras quirúrgicas de punta roma y un cortaúñas.

Los cepillos para perros están diseñados para diferentes tipos de pelaje, Los de cerdas suaves no perjudican la piel sensible de las razas de piel delicada.

Los cepillos de cerdas duras pueden usarse para las razas que tienen la piel gruesa. Los cepillos con cerdas de goma son útiles para las razas de pelaje muy corto y tupido (por ejemplo, los Boxers), mientras que los cepillos puados de textura suave son ideales

---

FOTO SUPERIOR IZQUIERDA: Un cepillo de cerdas duras es ideal para los perros de pelaje tupido.
ARRIBA EN EL LATERAL DERECHO: Un peine de doble cara y un pequeño rastrillo corporal.

para las razas de pelaje largo y delicado como el Terrier de Yorkshire.

También existen distintos peines. Los de dientes espaciados se usan para pelajes largos y finos; mientras que los de finos dientes apretados son adecuados para otros tipos de pelaje y se pueden usar para quitar los enredos de las orejas, patas o cola. También existe un peine especial, llamado rastrillo corporal, que facilita el desenredado de los pelajes cortos y tupidos. Este es particularmente práctico para razas como el Labrador Retriever y el Pastor alemán alsaciano.

El cepillado de una raza de pelaje largo lleva más tiempo que el de la raza de pelaje corto. Ponga especial atención al examinar el pelaje de las patas y la cola. No olvide el examen de las uñas, base de las patas y pezuñas. Utilice una esponja húmeda para lavar el barro que se haya podido acumular en el pelo de las pezuñas para evitar así las inflamaciones. A medida que su cachorro crece, es posible que crezca pelo en la parte trasera de las pezuñas. Si es el caso, recórtelo con unas tijeras quirúrgicas de punta redondeada y roma.

Utilice un algodón para limpiar las legañas que pueda tener su perro alrededor de los ojos. Examine la parte de debajo de la cola, limpie cualquier resto de la suciedad y recorte el pelo que pueda arrastrar.

El baño

Si cepilla a su perro con regularidad, no será preciso que lo bañe a menos que esté muy sucio o huela mal.

Antes del baño, dé siempre un cepillado intensivo a su perro. Báñelo con agua tibia (es más agradable, sobre todo para un cachorro) y use un champú adecuado. Póngale bolitas de algodón en los oídos para evitar que le entre agua y evite que queden restos de champú en cualquier orificio corporal. Aclare con abundante agua, especialmente las patas.

Un cachorro puede enfriarse muy fácilmente, por lo que deberá asegurarse de que quede completamente seco. Utilice siempre la toalla que será sólo del perro. Si prefiere utilizar un secador de pelo, es conveniente que deslice la mano por entre el pelaje del perro durante el secado para asegurarse de que el aire no sale demasiado caliente.

Las uñas

Las uñas de los perros, al igual que ocurre con las de las personas, crecen continuamente. Es necesario que recorte las uñas de su cachorro cada seis semanas, utilizando para ello un cortaúñas para perros. Puede hacerlo usted mismo, aunque es preferible que consulte con el veterinario o un peluquero canino.

Es difícil que las uñas de los perros adultos se limen de una forma natural, debido a que no suelen andar por superficies duras. Mantener en un perfecto estado las uñas dependerá de la raza en particular y de las condiciones en las que viva el perro; por lo que quizá sea preciso utilizar un cortaúñas.

Si su cachorro tiene espolones o cartílagos, no olvide supervisar su longitud con regularidad. A menos que se limen y cuiden de forma adecuada, estos cartílagos podrían crecer torcidos por engancharse en los objetos. En casos extremos, las uñas pueden crecer curvadas hacia dentro y penetrar en la piel.

Peluqueros y peluquerías caninas

Algunas razas necesitan un tiempo considerable para el cuidado y cepillado del pelaje; otras, un cuidado regular de las uñas, por lo que si sus dueños quieren llevar a sus perros a concursos o exhibiciones, deben proporcionarles unas atenciones específicas para que el perro cumpla con los requisitos físicos estandarizados de su raza. Si usted sabe cómo hacerlo y dispone del tiempo necesario, puede encargarse personalmente de estos cuidados. Si no es así, lleve a su perro a un experto. Si está interesado en apren-

ARRIBA: Puesto que la mayoría de los perros andan por superficies lisas o alfombras, es improbable que sus uñas se limen de forma natural. Será preciso que recorte las uñas de su perro con regularidad. Si no sabe cómo hacerlo, pídale al veterinario que lo haga.

der estas técnicas, consulte con su peluquero canino o veterinario para que le puedan informar acerca de cursos y escuelas específicas para ello.

Esterilización

A menos que quiera utilizar a su perro para la crianza con pedigrí, es importante que lo esterilice. La edad recomendada es entre los cinco y los seis meses después de su primer época de celo para las hembras y de seis meses o más para los machos.

Además de evitar embarazos no deseados o contribuir a aumentar el número de cachorros en busca de un buen hogar, este procedimiento ayuda a reducir el riesgo de cáncer de próstata en los perros macho y de mama en las hembras. La esterilización también reduce las inclinaciones sexuales del macho, y por lo tanto sus niveles de frustración.

Cuidados cotidianos

Si, por lo general, su perro ha de permanecer solo en casa durante más de cuatro horas, contemple el emplear a un canguro para perros o a alguien que lo lleve de paseo. Una jornada completa de trabajo de ocho horas es demasiado para que el perro esté solo, ya que los perros que están solos durante largos períodos de tiempo son mucho más susceptibles de desarrollar malos hábitos o un comportamiento antisocial. La compañía de otro perro puede ser positivo; en cuanto a un gato, aunque puede ayudar, no suele ser suficiente.

Viajar con su perro

La legislación

Siempre que tenga que viajar con su perro, ponga una chapa adherida al collar en la que conste su nombre y dirección. De esta forma, si su perro se perdiera, tendrá más posibilidades de recuperarlo.

Asegúrese de que conoce la legislación sobre animales que se aplica de forma local. La mayoría de los municipios obligan que los perros estén registrados, vacunados contra la rabia y el moquillo, por ejemplo, y que lleven correa en lugares públicos. En algunas ciudades prohíben determinadas razas como por ejemplo los Pit Bull, y obligan a que los dueños tengan un seguro de responsabilidad para ciertas razas de perros agresivas. Puede que no se les permita el paso a perros en parque y playas, o que tengan un horario restringido durante ciertas estaciones del año u horas al día. En la mayoría de los lugares, es obligatorio que recoja los excrementos de su perro.

En el coche

Siempre que sea posible, adiestre a su cachorro para que se acostumbre a viajar en coche. Esto contribuirá a eliminar temores, reacciones de estrés y reducirá considerablemente la probabilidad de que sufra mareos.

No permita que su perro se mueva con total libertad dentro del coche. Puede distraer al conductor y ser causa de un accidente, del que podría resultar herido. Por su propia seguridad, el perro debe viajar en un compartimiento en la parte trasera. Instale una red especial para evitar que pueda saltar a los asientos delanteros.

Si su perro tiene que viajar en el asiento trasero, átelo con el cinturón de seguridad. Si aún es pequeño, instálelo confortablemente en un contenedor de plástico especial para perros que pueda asegurar con el cinturón del automóvil o colocar de forma que no pueda moverse en el caso de que el coche frenara bruscamente.

Si hay espacio suficiente para un cajón-maleta especial para perros, adiestre a su perro a ir en uno de ellos. El perro acabará por relacionarlo con una extensión de su territorio, de modo que se encontrará cómodo y no pondrá ninguna objeción para instalarse en él. Estos cajones se suelen utilizar para instalar a los perros de concurso y son perfectos para que su perro se sienta sano y salvo en su «espacio personal». Una vez que se haya acostumbrado a él, su perro podrá utilizarlo para cualquier desplazamiento, de forma que le parecerá «estar como en casa».

ARRIBA: Aunque un perro y un gato que vivan en la misma casa, pueden llegar a ser muy tolerantes e, incluso, a tomarse cariño, los felinos son generalmente demasiado reservados e independientes para confiar con que puedan ser una verdadera compañía para el perro que está solo en casa.

Si tiene que dejar a su perro solo en el coche, asegúrese de que está aparcado en una zona de sombra y de que tiene una ventilación adecuada. Bajo el sol, la temperatura interior de un coche puede alcanzar los 40 °C), lo que representa un serio riesgo de insolación. Incluso con la ventana bajada, un coche aparcado resulta insoportable con altas temperaturas. Tenga en cuenta que un automóvil aparcado en la sombra quedará expuesto a los rayos del sol a medida que este se mueva. Existen vidrios especiales que se adhieren a las ventanillas abiertas, de forma que el perro no pueda escapar.

Las vacaciones

Verifique que las vacunas de su perro están actualizadas, ya que en una zona de vacaciones el riesgo de contraer enfermedades infecciosas puede ser mayor que en su localidad habitual. Pueden existir distintos tipos de parásitos externos, como las garrapatas, por lo que es recomendable cepillar asidua y vigorosamente cada día a su perro para comprobar que no tiene ninguna.

Autocar, tren o avión

Si va a utilizar algún medio de transporte público, dígalo al conductor. En algunos medios de transporte comerciales, es obligatorio alojar a los perros en un cajón-maleta situado en un compartimiento separado, lo que puede ser una experiencia espantosa para un perro que no esté acostumbrado. Es recomendable que adiestre a su perro para que se acostumbre a este tipo de cubículos. Acostúmbrelo a usar el suyo propio en el que pueda tener su lecho y juguetes habituales.

Evite que su perro ingiera cualquier comida sólida durante las seis horas anteriores al viaje. Si cree que puede marearse, consulte con el veterinario antes de salir de viaje.

Asegúrese de llevar a cabo todo tipo de procedimientos recomendados por el conductor del transporte público.

El viaje por otros países

El viajar por otros países suele implicar preparar una documentación especial para usted y para su perro. La legislación varía de un país a otro, por lo que debería informarse acerca de la vigente y obligatoria en el país al que va a desplazarse. Probablemente, precise llevar consigo un cer-

tificado que garantice que su perro puede viajar y no padece ninguna enfermedad contagiosa o vírica. También necesitará un certificado actualizado de la vacuna contra la rabia. Muchos países exigen que esta documentación esté en su idioma.

En países como Grecia, Italia, Portugal, España, Suecia, Noruega, Suiza, Inglaterra, Escocia, Gales e Irlanda del Norte la rabia está erradicada. La legislación de algunos países obliga a que el perro permanezca en cuarentena antes de entrar en él, mientras que para otros será preciso que su perro reúna ciertas condiciones, como llevar un microchip de identificación y aportar análisis de sangre (ver PETS más adelante). Consulte con el consulado o embajada del país en cuestión.

PET (Programa de viaje para animales de compañía)

En Gran Bretaña se introdujo un programa piloto de expedición de pasaportes para animales de compañía *(pet passports)* en el año 2000. A los perros y gatos que siguen este programa, se les permite viajar de las Islas Británicas a algunos países de Europa sin tener que permanecer en cuarentena por seis meses a su regreso. Los propietarios deben utilizar transportistas y puertos de entrada específicos. A los perros de los otros países europeos que siguen el mismo programa, se les permite la entrada en las Islas Británicas.

ARRIBA: Es muy probable que a su perro no le guste viajar en una jaula. Sin embargo, usted puede conseguir que la experiencia sea mucho menos traumática si lo acostumbra con antelación.

Perros residentes en las Islas Británicas: para estar cualificado para obtener un pasaporte para animales de compañía *(pet passport)*, un perro residente en las Islas Británicas debe llevar un microchip insertado bajo la piel y haber sido vacunado contra la rabia por un veterinario oficial. Después de la última vacuna, pasados 30 días, es obligatorio que el veterinario envíe una muestra de sangre del perro a un laboratorio autorizado por el Gobierno. Si el resultado de la muestra es negativo, el veterinario expende un certificado médico o pasaporte.

Entre las 24 y las 48 horas antes de volver a Gran Bretaña, el animal debe pasar una revisión para detectar la posible presencia de un parásito intestinal *(Echinococcus multilocularis)* o garrapatas; también debe presentar un certificado médico expedido por un veterinario homologado por el gobierno relevante.

Después de la vacuna contra la rabia, son precisas las sucesivas vacunas de recuerdo.

Perros residentes en Europa: Los animales de algunos países europeos también pueden entrar en Gran Bretaña si sus dueños cumplen las mismas normativas. No obstante, deben esperar hasta pasados seis meses después del último análisis de sangre sin que haya surgido ningún problema para tener libre entrada en Gran Bretaña.

Perros residentes en islas en donde no existe la rabia: Siempre y cuando las autoridades veterinarias pertinentes y las compañías aéreas no pongan ninguna objeción, se permite el desplazamiento de perros y gatos entre Gran Bretaña y aquellas islas en las que no exista la rabia. Entre estas islas se encuentran: Australia, Hawai, Japón, Nueva Zelanda, Singapur y Taiwán.

Perros residentes en los Estados Unidos de América y Canadá: El PET (Programa de viaje para animales de compañía) no afecta a los perros provenientes de Norteamérica porque la enfermedad de la rabia es endémica en estas zonas. Por las fechas en que este libro se publicó, los perros de estos países tienen que cumplir una cuarentena de seis meses antes de tener libre entrada en Gran Bretaña, aunque está previsto revisar la situación cuando se haya superado satisfactoriamente el primer período del programa.

Alojamiento

El adiestramiento de su perro para que se acostumbre a separarse de usted contribuirá a que el animal pueda superar tal situación. Para que se vaya acostumbrando, puede usted dejarlo con un familiar, amigo o vecino por cortos períodos de tiempo; de esta forma el perro comprenderá que usted regresa.

Los estándares de las residencias caninas varían. Por norma general, aunque no siempre, va en función del precio: cuanto más caro sea, mayor comodidad y servicio puede esperar.

Una residencia de categoría le permitirá revisar sus instalaciones de antemano. Si lo hace, observe el comportamiento de los perros alojados y hable con los empleados acerca de las rutinas de alimentación, cepillado y ejercicio. Puede obtener referencias de alguna residencia canina adecuado si pregunta a los empleados de la clínica veterinaria local, que también le pueden aconsejar acerca del programa de vacunación.

Canguros para perros

Si no le gusta la idea de buscar alojamiento para su perro, puede considerar la idea de contratar los servicios de un canguro para perros o una persona que cuidara de su perro y casa durante su ausencia. Consulte con el veterinario para saber si existen personas cualificadas en su localidad.

ARRIBA: Si planea llevarse consigo a su perro durante una larga ausencia, tenga en cuenta que en algunos países es obligatorio que el animal permanezca en cuarentena hasta un máximo de seis meses. Buscar a otro dueño podría ser una opción más sensata, ya que su perro podría sufrir ansiedad por la separación y soledad consecuentes.

NUTRICIÓN
Una dieta equilibrada

El lobo y otros miembros de la especie salvaje de la familia de los perros *(Canidae)* son carnívoros e ingieren gran cantidad de proteína animal. No obstante, puesto que una dieta basada sólo en carne, no aporta todos los nutrientes esenciales, también consumen una parte de alimentación vegetal, sea directamente de la contenida en el estómago de sus presas o bien de otras fuentes de alimentación como pueden ser los insectos.

Los nutrientes y una dieta equilibrada

Para los perros, al igual que para los lobos, no sería sano alimentarse únicamente de carne. También necesitan grasa, carbohidratos, minerales, vitaminas y fibra.

Energía

Los perros deben ingerir suficientes calorías (Kcal) para satisfacer sus necesidades energéticas, las cuales difieren en función de la edad, tamaño y cantidad de ejercicio o trabajo que el animal lleve a cabo. La cantidad de energía que precisa un perro también está relacionada con la masa corporal, ya que esto es un factor que determina la cantidad de calorías que consume. La masa corporal de un perro pequeño es comparativamente mayor que la de un perro de gran tamaño (un perro que pese 2,5 kg tiene 300% más de superficie corporal por kilogramo que uno que pese 50 kg), de modo que necesitará más energía.

La única forma de saber con exactitud la cantidad necesaria es hacer un seguimiento de la evolución de su perro y estado de salud. Probablemente, un tercio de los perros se encuentran por encima de su peso ideal. Al igual que los humanos, los perros con sobrepeso tienen más posibilidades de sufrir trastornos de salud.

Cuando es necesaria una mayor ingesta de nutrientes, como es el caso de un perro que lleve a cabo tareas que exigen gran esfuerzo (galgo de carreras o perro de trineo) o una hembra en estado avanzado de gestación, los aportes nutritivos deben estar correctamente concentrados en la cantidad de alimento que el perro pueda comer. Las dietas comercializadas son una garantía al respecto.

Requerimientos energéticos

100%	Perros sedentarios
400%	Una hembra en avanzado estado de gestación o amamantando
300%	Perros que realicen tareas físicamente duras
200%	Perros que realicen tareas físicamente moderadas
170%	Perros que vivan en un clima muy frío
150%	Perros bajo una presión moderada de estrés (por ejemplo, si asisten a concursos o adiestramiento)

Las razas muy grandes pueden necesitar hasta un 50% más de lo descrito. En cualquier caso, puede existir una variación del 20% dependiendo de cada individuo.

Diferentes dietas

La dieta del perro puede variar en función de:

○ La edad o período de la vida (cachorro, joven, adulto o anciano).
○ La cantidad de ejercicio o trabajo.

ARRIBA: Los molares inferiores y premolares superiores de la mayoría de los animales carnívoros están específicamente adaptados para cortar y desgarrar la carne.

- La raza (el desarrollo de las razas grandes es más lento que el de las pequeñas); las razas muy grandes tienen necesidades especiales.
- El tamaño (pueden existir diferencias significativas entre los perros de una misma raza).
- El estado de salud.
- El hecho de que una hembra esté embarazada o amamantando.

Algunas sugerencias sobre los niveles de nutrientes para perros

Nota: Estas cifras se expresan en porcentajes de materia sólida en la dieta.

	Proteínas	Margen sugerido	Grasas	Carbohidratos
Crecimiento	32	28-32	15	40
Mantenimiento (para un adulto)	22	22-25	8	50
Trabajo físico duro (para un adulto)	34	30-36	20	34
Trabajo físico muy duro (para un adulto)	38	36-45	25	25
Embarazo/lactancia	32	25-32	15	40
Perro anciano	22	15-22	8	50

Estas recomendaciones pueden variar, las cifras de la tabla anterior representan una guía. Si usted desea preparar en casa la comida de su perro, debe pedir la opinión del veterinario.

¿Comida casera o comercializada?

Si usted se decanta por la comida casera, deberá considerar el tiempo que necesitará invertir en la preparación. ¿Tendrá siempre el tiempo necesario para ello? ¿Puede garantizarle a su perro la cantidad de nutrientes que necesita?

Tampoco debe olvidar el coste que conllevará. La mayoría de los dueños basan la alimentación de su perro en comida preparada y alguna comida casera de vez en cuando. No hace ningún daño introducir cambios.

Si usted tiene un cachorro o una hembra embarazada, sería más sensato decantarse por una dieta comercializada, la cual ha sido especialmente diseñada para aportar todos los nutrientes necesarios para el crecimiento y desarrollo de su perro. Es de particular importancia los niveles de calcio y fósforo, que deben estar igualados, lo cual resulta difícil de equilibrar si se prepara la comida en casa. Los perros ancianos necesitan unos cuidados especiales, por lo que las dietas comercializadas garantizan el mejor aporte para cubrir sus necesidades.

ARRIBA: Generalmente, es mejor escoger una buena dieta comercializada para la alimentación de un cachorro, puesto que ha sido perfectamente estudiada para aportar todos los requerimientos nutritivos.

Las dietas comercializadas

Las dietas comercializadas de categoría han sido científicamente diseñadas para satisfacer las diferentes necesidades del animal en cada una de sus etapas de desarrollo. Muchas empresas tienen a su servicio veterinarios y expertos en nutrición que analizan sus productos y llevan a cabo la supervisión de las pruebas necesarias para cumplir con las normativas internacionales. Una dieta comercializada equilibrada hace la preparación de la comida mucho más fácil, y además resulta muy cómodo medir las cantidades.

Las dietas comercializadas se pueden agrupar según sus contenidos de humedad (existen algunas variaciones entre productos de características similares):

○ Comida triturada en lata: el contenido de humedad es de aproximadamente el 78% (parecido al que se halla en la carne). No necesitan conservantes porque al estar ya cocinados, se han destruido todos los gérmenes y, además, el enlatado previene de la contaminación eventual.
○ Croquetas y salchichas para perros: el contenido de humedad es de aproximadamente el 50%. Aunque suelen contener conservantes, necesitan ser guardados en el refrigerador.
○ Comida semitriturada: el contenido de humedad es de aproximadamente el 25%. No suelen contener conservantes ni necesita ser guardada en el refrigerador. Suele tener un contenido de carbohidratos y azúcar elevado, por lo que no es adecuada para los perros diabéticos.
○ Comida deshidratada (dieta completa): el contenido de humedad es de aproximadamente el 10%. Suelen contener conservantes y no necesitan ser guardados en el refrigerador. Fáciles de almacenar, son higiénicos y si no tienen conservantes, resultan adecuados para todo tipo de razas y edades.

○ Galletas: el contenido de humedad es de aproximadamente el 8%. Suelen contener conservantes y no necesitan ser guardados en el refrigerador.

Desde el punto de vista nutritivo, no existen diferencias entre la comida deshidratada y triturada, puesto que la cantidad de nutrientes es la misma. En cambio, la comida triturada suele resultar más cara por el hecho de contener humedad, lo que no es un aporte nutritivo.

Aparte de la inexistencia de la información nutricional del etiquetado, hay algunos signos para detectar cuando un producto es de inferior calidad. Dependiendo del país en el que hayan sido manufacturados o en el que sean comercializados, los alimentos de categoría indican cuál es su información nutricional y la frase «comida completa y equilibrada» en el etiquetaje.

La etiqueta suele indicar los principales contenidos del alimento e información acerca de ciertos nutrientes (proteínas y sal) y el contenido en fibra. Muchos de los fabricantes también indican las cantidades necesarias en relación con el peso, período de crecimiento y nivel de actividad. También se expresa el valor calórico del alimento (en kcal/kg), lo que es de ayuda para determinar la cantidad correcta que necesita su perro en particular.

Golosinas para perros

Suelen tener un alto contenido en grasas y carbohidratos. Ofrézcaselo a su perro si es necesario mantener su atención o bien como premio. Debido a su alto contenido calórico, debe racionar estos alimentos.

No existen diferencias nutritivas entre los alimentos triturados y deshidratados (**ARRIBA, EN LATERAL IZQUIERDO Y DERECHO**), aunque los triturados resultan más caros. Reserve las golosinas altamente ricas en grasa para perros (**ABAJO, EN LATERAL IZQUIERDO Y DERECHO**) como premio y racione la ingesta de estos alimentos en la dieta de su perro.

Comida de las clínicas veterinarias

Algunos alimentos comercializados para perros sólo se venden en las clínicas veterinarias o tiendas para animales de compañía. Su formulación, difiere en cuanto a los constituyentes garantizados. No contienen la proteína vegetal de algunas de las comidas que se venden en algunos supermercados de comida para animales de compañía.

Otros de los alimentos que se venden en las clínicas veterinarias son dietas terapéuticas cuya formulación está pensada para ayudar en el tratamiento de algunos problemas de salud. Se pueden adquirir dietas específicas para hembras embarazadas o amamantando, de ayuda para los perros convalecientes después de una operación o enfermedad, o bien para aquellos que siguen un tratamiento contra la anemia o el cáncer.

También existen dietas diseñadas para la higiene bucal y galletas que ayudan a disminuir la aparición de sarro.

Dietas caseras

Si su intención es basar la alimentación de su perro exclusivamente en una dieta casera, asegúrese de que cubre adecuadamente con las necesidades y cantidades de nutrientes.

> **AVISO**
>
> Un aporte complementario de vitaminas y minerales en exceso puede causar serios problemas de salud.

Una comida casera habitual consiste en trozos de carne magra de las partes menos exquisitas cocinadas en una olla a presión junto con verduras y pasta o arroz. Puede preparar esta comida al por mayor y congelarla en porciones. Se puede reservar una galleta para perros para el desayuno y la comida principal para la noche.

La cocción de los alimentos destruye algunas de sus vitaminas, y la cocción excesiva puede reducir importantemente el valor nutricional. Podría ser necesario un complemento vitamínico, que ofrecen prestigiosos fabricantes de comida para perros, para equilibrar la comida cocinada en casa.

Los complementos vitamínicos suelen contener carbonatos cálcicos y huesos (que proporcionan un adecuado equilibrio de fósforo y calcio), yodo, vitaminas A y D. En las tiendas de animales de compañía y clínicas veterinarias, se encuentran preparados de complementos vitamínicos y herbales de calidad. Antes de decidirse por uno en particular, consulte con el veterinario.

Estos complementos pueden ser necesarios bajo ciertas circunstancias como un período de estrés o enfermedad. Consulte con el veterinario, él le aconsejará; también se pueden adquirir dietas de valor terapéutico.

Una dieta casera de mantenimiento

Esta es una dieta de mantenimiento para cuando el perro no sufre ninguna situación de estrés y se encuentra en buen estado de salud. Su formulación consiste en equilibrar las deficiencias nutritivas de la carne. El hígado proporciona vitaminas A, D, E y algunas de las vitaminas del grupo B. El aceite vegetal aporta esencialmente ácidos grasos, mientras que los huesos aportan calcio y fósforo. La sal yodada aporta el yodo.

Estas cantidades están pensadas para un perro de 10 kg, por lo que deberán adaptarse en proporción al peso de su

Arroz blanco o integral (deshidratado)	140 g
Carne (medianamente grasa)	70 g
Hígado	30 g
Huesos	8 g
Sal yodada	3 g
Aceite vegetal	5 ml
Agua	420 ml

ARRIBA: Con los ingredientes para una dieta casera de mantenimiento asegúrese de que la combinación aporta la adecuada cantidad y variedad de nutrientes.

perro. La ración dependerá de las necesidades calóricas del perro (el valor energético total de esta formulación es de 750 Kcal). Esta formulación se puede guardar en el refrigerador durante varios días. Sin embargo, a los perros, al igual que nos ocurre a nosotros, les gusta la comida recién preparada porque es más sabrosa que la recalentada.

Ponga el arroz a hervir a fuego lento durante 20 minutos. Añada los demás ingredientes y mantenga la ebullición suave durante diez minutos más.

Se puede preparar una dieta con más carne y más sabrosa si modifica las cantidades de arroz y carne. El valor energético será el mismo, aunque el valor proteínico puede llegar a duplicarse.

Ingredientes para las comidas caseras

Aun en el caso de que usted se decante por la comida preparada, no pase de largo este apartado. Encontrará información adicional muy práctica acerca de los pequeños extras: huevos, aceites y leche, por ejemplo.

Carnes: Las carnes rojas y blancas aportan proteínas, vitaminas del grupo B, grasa y calorías, pero las cantidades dependerán del tipo de carne y la pieza de la que proceda.

	Proteínas (promedio en %)	Grasas (promedio en %)	Energía (Kcal/100 g)
Ternera	20	4,5	122
Pollo	20	4,5	122
Cordero	20	8,8	162

Todas las carnes y menudillos tienen deficiencia de calcio y una ligera deficiencia de fósforo, y la relación entre fósforo y calcio es desproporcionada, abarcando valores de 10:1 en conejo y buey, hasta 30:1 en ternera y 360:1 en hígado fresco. Los perros necesitan una relación de fósforo y calcio de 1:1,3.

La carne también tiene deficiencias de vitaminas A y D, yodo, cobre, hierro, magnesio y sodio. La carne cruda es más nutritiva, pero dependiendo de dónde proceda será

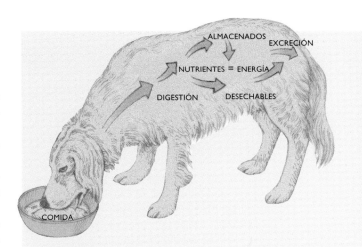

La cadena alimenticia: el proceso de la digestión del perro

preciso cocerla. Para eliminar la tenia hidatídica (ver p. 89), en algunos países es obligatorio que la carne de cabra o ternera sea hervida o congelada a una temperatura específica durante un período mínimo de tiempo.

La cocción destruye gran parte del contenido de la vitamina B de la carne.

El hígado es rico en proteínas, grasas y vitaminas grasas solubles A, D, E y grupo B. Un aporte excesivo de vitamina A puede desembocar en un crecimiento anormal de los huesos, y la cocción disminuye el contenido de la vitamina A del hígado. Como regla general, el hígado no debe exceder el 15% de la dieta de su perro. El pollo es de más fácil digestión que la carne roja, y algunos perros son alérgicos a ciertas proteínas que se encuentran en la carne roja, lo que puede causarles una irritación cutánea.

Pescado: Hay dos grandes tipos de pescado: el blanco, cuya composición nutricional es similar a la de la carne magra; y el azul, más graso, cuya composición nutricional aporta un alto nivel de vitaminas A y D. Todos los pescados contienen proteínas y yodo, pero son deficientes en calcio, fósforo, cobre, hierro, magnesio y sodio.

Tenga cuidado en no alimentar a su perro con demasiado pescado crudo, ya que contiene tiaminasa, una encima que destruye la tiamina, una de las vitaminas del grupo B. La tiaminasa se destruye con el calor. El pescado azul, como el atún, contiene un alto nivel de grasas ácidas insa-

ESTA PÁGINA Y LA SIGUIENTE: Algunos de los extras que tanto gustan a los perros: aunque le dé a su perro comida preparada, los huevos, queso, pescado, grasas y verduras pueden resultar una variación muy nutritiva.

turadas, por lo que una alimentación rica en este tipo de pescado podría causar la aparición de depósitos de grasa bajo la piel (esteatitis), con el consecuente dolor y molestias.

Las espinas de pescado sólo podrán formar parte de la comida si previamente se han ablandado mediante la cocción normal o «a presión», o bien se han pasado por el triturador. Sin embargo, tenga en cuenta que una cocción continuada puede destruir la mayor parte de los nutrientes. El pescado entero cocinado en olla a presión, puesto que tiene un valor nutricional más equilibrado, conserva mejor su valor nutritivo.

Huevos: Los huevos contienen hierro, proteínas, la mayor parte de las vitaminas (con excepción de la vitamina C) y son particularmente nutritivos si se ingieren crudos. No obstante, la ingestión excesiva de huevos crudos puede ser nociva porque contienen una sustancia llamada avidina que puede obstaculizar el aprovechamiento de la vitamina B, la cual es esencial para muchos de los procesos corporales, como mantener en perfecto estado de salud la piel, el cabello y el funcionamiento del aparato muscular. A modo de indicación, sepa usted que un perro de 30 kg no debería comer más de dos huevos crudos por semana. En el caso de comer sólo las yemas, podrían ser cuatro en lugar de dos. Una ebullición prolongada reduce la avidina, aunque el valor nutritivo sólo disminuye ligeramente.

Leche y queso: La leche y el queso fresco son ricos en proteínas, grasas, carbohidratos, calcio, fósforo, vitamina A y vitaminas del grupo B.

La leche resulta una fuente de calcio idónea para cachorros, aunque no todos los perros la toleran. El motivo es que a medida que el cachorro crece, disminuye su capacidad de digerir la lactosa, por lo que según la cantidad de leche ingerida podría causarle diarrea. Algunos perros adultos tienen intolerancia a la lactosa, por lo que si la toman, contraen una alergia cutánea que les produce picores y el desecamiento de la piel. El queso resulta una buena fuente de proteína animal, y a la mayoría de los perros les

gusta. Puede dársela en dados. El queso carece o tiene poca lactosa, de modo que los perros con intolerancia a esta sustancia pueden tomarlo. También pueden tomar yogur no pasteurizado, puesto que el pasteurizado sí contiene lactosa.

Grasas y aceites: La grasa actúa de transportador de las vitaminas solubles grasas (A, D, E y K) y, además, contiene sustancias llamadas ácidos grasos (una de ellas es el ácido linoleico), que contribuye a mantener saludables la piel y el pelaje. La deficiencia del ácido linoleico produce picores en la piel, pudiendo llegar a tener una apariencia reseca y con caspa.

La grasa se digiere casi al 100% y aporta sabor a la comida. Los aceites vegetales y las grasas del pescado son, desde un punto de vista nutricional, mejores que las grasas animales. Si la dieta de su perro no es del todo equilibrada, puede darle pequeñas cantidades de aceite de bacalao (5 ml/50 kg de peso corporal cada día). Una cantidad excesiva puede causar una dolorosa inflamación de grasa acumulada bajo la piel llamada esteatitis.

Descarte el aceite reutilizado para preparar las comidas de su perro, ya que puede contener sustancias tóxicas llamadas peróxidos.

Verduras: Los perros, al igual que los gatos, no necesitan tomar vitamina C diariamente porque pueden sintetizarla.

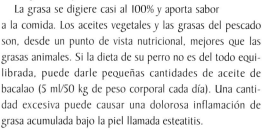

Las verduras son una óptima fuente de vitaminas del grupo B, pero una cocción excesiva las destruye, Así pues, al igual que ocurre con las personas, es mejor cocinar las verduras ligeramente y con poca agua. El agua resultante de la cocción puede añadirse a las comidas. Las raíces, como la zanahoria, son una óptima fuente de vitamina A; para que sean más digestivas se han de cocinar.

Los guisantes y las legumbres son una fuente de calorías y vitaminas del grupo B, especialmente la soja. Un inconveniente de los guisantes y legumbres es la tendencia a causar gases y la consecuente flatulencia. También una alta ingesta

de leche y productos lácteos puede ser causa de flatulencia. En cuanto a las dietas ricas en proteínas, patatas, coliflor, col y cebollas, no abuse de ellas por el mismo motivo.

Cereales: Los cereales proporcionan carbohidratos y algo de proteínas, minerales y vitaminas. No suelen contener grasa, grasas ácidas ni las vitaminas A, D y E solubles en grasas. El trigo contiene tiamina y vitamina E.

Levadura: La levadura es rica en vitaminas y minerales. Es recomendable para perros ancianos y se puede tomar en grandes cantidades.

Fibra: La dieta normal de su perro debe contener un 5% de la fibra, aproximadamente (libre de humedad) procedente de las verduras. Las dietas ricas en fibra (10-15%) pueden ayudar a reducir la obesidad; también pueden formar parte de la dieta diaria de los perros diabéticos, ya que la fibra disminuye la absorción de glucosa (el producto final de los carbohidratos).

Huesos: Contienen un 30% de calcio y un 15% de fósforo, magnesio y algunas proteínas. Tienen deficiencia de grasa, grasas ácidas y vitaminas. El valor nutritivo de una comida a partir de huesos es similar. Un exceso de huesos en la dieta es causa de defecaciones duras y claras y podría provocar estreñimiento.

Nunca dé huesos partidos o de pollo a su perro, ya que son astillosos y podrían causarle heridas. En cuanto a las espinas de pescado, deberá tomar la precaución de hervirlas en la olla a presión.

Agua: Asegúrese de dar agua limpia y potable a su perro. El agua, de la comida y bebida, que un perro necesita es aproximadamente de 40 ml por kilo de peso. La ingesta de agua varía en función de la temperatura y la dieta de su perro, incrementándola en función de las sustancias alimenticias carentes de humedad o agua. También se incrementará si el perro sufre de enfermedades como diarrea, diabetes o desórdenes renales.

La alimentación de su perro

El lugar donde acostumbre a su perro a que tome sus comidas diarias ha de poderse limpiar fácilmente. Utilice recipientes de acero inoxidable,

ARRIBA Y PÁGINA SIGUIENTE: Los perros que crecen sanos comen con apetito y suelen acurrucarse para dormir después de la ingesta.

cerámica o plástico que son fáciles de limpiar. Recuerde lavar los recipientes después de cada comida. Sirva la comida a temperatura ambiente.

La comida enlatada sobrante se debe tirar. La comida semitriturada puede permanecer en el recipiente durante unas horas. Puede dejar los preparados deshidratados en el recipiente durante todo el día.

La alimentación de su cachorro: La leche de la madre es rica en proteínas y grasas, por lo que durante las primeras semanas que siguen al destete, el cachorro necesita una dieta de igual valor nutritivo. Para un adecuado desarrollo del cachorro, es necesaria una ingesta de calorías por kilo de peso corporal tres veces superior a la de un adulto, pero como su estómago aún tiene una capacidad limitada, será preciso que lo alimente varias veces al día con una dieta rica en calorías.

Hay muchas marcas comerciales especializadas en comida para cachorros, tanto en comida basada en cereales como en carne, que serían más adecuadas que la preparada en casa para la dieta de su cachorro. Cuando el cachorro es muy joven puede darle también leche.

A modo de indicación general, un cachorro de entre ocho y doce semanas de edad necesita cuatro comidas diarias, sean preparadas o caseras. Es necesario que usted escoja qué opción y mantenerla durante este período, ya que una combinación de las dos puede desequilibrar la dieta.

Desde los tres a los seis meses de edad, sírvale tres comidas diarias. Si la leche le provoca diarrea a medida que su cachorro crece, podría ser debido a una intolerancia a la lactosa.

De los seis a los doce meses de edad, el cachorro necesita dos comidas diarias. Si usted quiere introducir cambios en la dieta, hágalo progresivamente: el primer día, 25% de la nueva dieta; el segundo día, el 50%; el tercer día, el 75%; el cuarto día, el 100%.

La alimentación de su perro adulto: La mayoría de los perros adultos no realizan un trabajo diario, ni están encintas y viven en unas condiciones más o menos cómodas. Su dieta puede basarse en una comida diaria, consistente en una sola ración, lo que suele satisfacer

al perro y, además, es cómodo para la rutina doméstica. La mayoría de los dueños dan de comer a sus perros por la tarde o temprano por la noche después de que el animal haya realizado su ejercicio diario. La mayoría de los perros necesita hacer sus necesidades una hora o dos después de la comida, de modo que si ha comido muy tarde, puede ser incómodo. Si realiza un adecuado seguimiento, puede darle a su perro varias comidas diarias, haciéndolas coincidir con las comidas de la familia. Para las razas con una caja torácica grande, (como el Gran Danés y el Lebrel irlandés) una sola comida al día podría causar la acumulación de gases en el estómago; es mejor dividir su ración diaria en varias tomas.

Si usted tiene dos perros, tenga la precaución de no servirles la comida juntos, para evitar que el perro dominante se quede con las dos raciones.

La cantidad de comida adecuada: Su perro debe comer la cantidad justa para satisfacer sus necesidades energéticas; un exceso de comida provocaría sobrepeso. La cantidad de energía que consuma dependerá no sólo de la actividad que lleve a cabo, sino también de su metabolismo. Las necesidades energéticas de un perro no aumentan proporcionalmente con su peso corporal: cuanto más grande es un perro, menos calorías por kilogramo de peso corporal necesita. Por ejemplo, un Chihuahua de dos kilos de peso

ATENCIÓN

No sobrealimente a su perro. Si el desarrollo y el peso corporal son demasiado rápidos, podría desembocar en una displasia articulatoria. Tenga especial cuidado si su cachorro pertenece a una de las razas grandes cuyo crecimiento es particularmente lento, ya que está demostrado que una alimentación excesiva contribuye a reducir la esperanza de vida.

necesita aproximadamente 230 kilocalorías diarias; mientras que un Labrador Retriever que pese 30 kilos, quince veces más, necesita aproximadamente 1.700 kilocalorías, justo siete veces más que la cantidad de energía.

Si su perro goza de buena salud, se muestra activo y despierto, tiene una piel y pelaje saludable y se mantiene en su peso adecuado, seguramente es su dieta es correcta. Si tiene la piel escamada, muda el pelo con demasiada asiduidad, está por encima o por debajo de su peso, se muestra apático y torpe, tiene demasiada hambre o bien se muestra desinteresado por la comida, consulte al veterinario. Otras muestras de sobrepeso son la aparición de cinturones de grasa en la zona de las costillas y espina dorsal.

No dé sobras de la comida entre horas a su perro. Resérvelas para formar parte de su comida habitual, o utilícelas como premio. Recuerde que contienen, al igual que las chocolatinas, calorías que deben formar sólo una parte de la dieta general de su perro.

Problemas nutricionales

No deberían aparecer si usted le proporciona a su perro una correcta dieta comercializada. Las causas de su aparición podrían ser:

- Seguir una mala dieta.
- Una enfermedad que disminuya la correcta absorción de los nutrientes.
- No comer (anorexia), que puede tener diversas causas.

La infraalimentación se traduce en una falta de energía, pérdida de peso y muerte por inanición. También puede desencadenar en una deficiencia de los nutrientes esenciales. La sobrealimentación es la causa de obesidad y de los problemas de salud que conlleva.

Peligro: veneno

La seguridad en el hogar es tan importante para los perros como para los niños. Muchas de las plantas del jardín, así como las sustancias de uso habitual de la casa, jardín, garaje o cobertizo pueden ser venenosas para los perros. Los cachorros están bajo especial riesgo durante el período que mordiscan cualquier sustancia, además con bastante probabilidad beberán de cualquier líquido que se derrame por un recipiente.

Todas aquellas sustancias potencialmente venenosas deben guardarse en un lugar bajo llave o bien almacenadas fuera del alcance del perro, en un lugar al que ni gatos ni otros animales puedan tener acceso. Las sustancias que desprenden vapores tóxicos deberán utilizarse y almacenarse sólo en lugares con buena ventilación.

Síntomas de envenenamiento

Contemple la posibilidad de que su perro se haya envenenado si:

- Vomita o tiene diarrea grave (más de dos o tres defecaciones por hora).
- Babea o echa espuma por la boca.
- Camina con mucha dificultad.
- Aúlla.
- Tiene agudos dolores abdominales.
- Se muestra en un estado de shock.
- Está deprimido.
- Tiene temblores, anda tambaleándose, tiene mala coordinación o convulsiones.
- Entra en estado de coma o de ausencia de reacción.
- Muestra señales de reacción alérgica, como enrojecimiento alrededor de la cara o erupción en el vientre.

Qué hacer

- El tiempo es importante.
- Intente identificar la sustancia que ha causado el envenenamiento.
- Siga las recomendaciones para casos de emergencia que se detallan más adelante.

ARRIBA: Un perro bien alimentado y sano tiene una piel brillante, es activo y enérgico (se puede decir que es la envidia de la mayoría de los dueños: cansados, débiles y estresados).

○ Contacte inmediatamente con su veterinario y lleve a su perro a la clínica.

○ Si ha encontrado a su perro junto o cerca de una sustancia venenosa o inidentificable, llévela, junto con el paquete, al veterinario. En el etiquetado tiene que incluirse información acerca del antídoto y tratamiento para ese tipo de envenenamiento.

○ Si su perro ha vomitado, recoja una muestra del vómito en un recipiente limpio y llévelo al veterinario.

Tratamiento de emergencia

Si el veneno es corrosivo (ácidos fuertes o álcali), o si no está seguro del origen del problema:

○ No induzca a su perro a vomitar.

○ Si el perro está consciente, lávele la lengua y el hocico con abundante agua y déle después una cucharada de clara de huevo o aceite de oliva.

○ Lleve el perro a su veterinario inmediatamente.

Si la sustancia no es corrosiva, o resulta ser una neurotoxina:

○ Si el perro aún está consciente y no ha vomitado, indúzcalo a hacerlo.

○ Deposite el vómito en un recipiente limpio.

○ Lleve al perro, junto con el vómito recogido al veterinario.

Para provocar el vómito, dé al perro algo de lo especificado a continuación:

○ Bicarbonato sódico directamente introducido en la garganta.

○ Una cucharada de sal disuelta en agua tibia.

○ Una cucharada de polvo de mostaza disuelta en agua tibia. Repítalo cada diez minutos hasta que el perro vomite.

Antídotos de emergencia

Absorbentes (para eliminar las sustancias tóxicas mediante la absorción): carbón vegetal activado, hasta seis tabletas según las instrucciones del etiquetado; o bien dos o tres cucharadas soperas, si es en polvo, disueltas en un vaso de agua caliente.

Protectores (para ayudar a formar una capa aislante en el estómago): una cucharada sopera de clara de huevo o aceite de oliva.

Contra los ácidos: una cucharada pequeña de bicarbonato sódico.

Contra los álcalis: varias cucharadas pequeñas de vinagre o zumo de limón.

ENTIENDA EL COMPORTAMIENTO DE SU PERRO
El sistema social canino

Aunque los perros pueden vivir en armonía con las personas y tener una estructura social similar a la nuestra, su percepción del entorno es muy diferente. Como consecuencia de este hecho, la interacción que tienen con el entorno es muy distinta. Si usted puede comprender la percepción que su perro tiene del entorno, podrá comprender mejor el porqué de su comportamiento.

El sistema social canino

Está generalmente aceptado que el comportamiento del perro domesticado procede en origen del comportamiento del lobo. Los lobos viven en manada, formada a menudo por la pareja que cría y su progenie. La pareja «alfa» (la do-

minante), impone su dominio mediante actitudes dominantes: por ejemplo, mirando directamente a los ojos de otro individuo, gruñendo o manteniéndose en una postura erguida, con la cola levantada y dispuesto a luchar. Los lobos subordinados o de rango inferior evitan el conflicto reaccionando con un comportamiento de sumisión, como puede ser tumbándose de un costado y otro del cuerpo para dejar expuestas sus partes más vulnerables y, en ocasiones, eliminando orina al mismo tiempo. Generalmente, existe una jerarquía para las hembras y otra para los machos, y el macho alfa siempre se aparea con la hembra alfa.

Estas jerarquías siempre son piramidales; es decir, existen mayores diferencias con los individuos de rango superior, mientras que estas van desapareciendo a medida que se desciende en la escala.

La hembra alfa se muestra agresiva con el resto de las hembras, especialmente durante la época de cría, pero no tan agresiva con el resto de la manada. Se acepta su estatus y la jerarquía se mantiene con la aquiescencia de los individuos de rango inferior.

Un observador humano podría distinguir con bastante claridad al «beta» o segundo en el rango y macho porque suele ser el más agresivo de la manada. El macho beta tiene una actitud agresiva hacia el macho alfa, y cuando este último envejezca y se vuelva más vulnerable, el macho beta ocupará su lugar.

Los lobos cazan en grupo, pero los animales dominantes comen antes que sus subordinados.

Los cachorros de la pareja alfa son criados por toda la manada. Las otras parejas no tienen crías, por lo que todo el conjunto de la manada está al cuidado de los descendientes. Este comportamiento asegura las posibilidades de supervivencia de los cachorros.

ARRIBA Y FOTO SUPERIOR: Al igual que ocurre con los lobos, los perros de un rango inferior en la jerarquía demuestran una actitud de sumisión que consiste en replegar la cola entre las piernas o tumbarse de un costado y otro del cuerpo para dejar expuestas sus partes más vulnerables.

Las variaciones respecto de este patrón de conducta que se dan entre los perros domesticados difieren en algunos aspectos. Existen jerarquías entre los grupos de perros, aunque las expresiones visuales de dominación son menos evidentes. Una de las causas podría ser que las razas modernas no tienen unas características faciales y corporales que les permitan la misma expresividad (piense en razas de hocico romo y cola cortada; para ellos es difícil adoptar las expresiones caninas típicas).

Los perros actuales son más gritones que los lobos, probablemente esto es un resultado del proceso de selección inducido por los humanos, quienes necesitaban animales que pudieran alertar de la presencia de los intrusos mediante los ladridos; o bien la selección de las características del tipo «cachorril» (ver p. 13).

La relación entre el perro y los humanos

Se pueden establecer asociaciones y vínculos fuertes entre los perros y los humanos; seguramente, a causa de las similitudes entre sus respectivas estructuras sociales. Los sistemas sociales de los humanos implican la existencia de líderes y seguidores; orden que se mantiene, sobre todo, por la aquiescencia de los más débiles o de rango inferior hacia los individuos más poderosos o favorecidos. Lo mismo ocurre en las sociedades caninas.

Los perros que viven con los humanos tienden a contemplar a estos como miembros de la manada, por lo que aprenden rápido a distinguir los roles de dominación y sumisión entre las personas. Por lo tanto, es importante asegurarse de que su perro conoce su posición en la casa.

Es preferible que todos los miembros de la familia adopten un rol dominante con respecto al perro o perros de la casa. Esto se consigue mediante un comportamiento que exija el consentimiento por parte del perro. Los miembros de la familia deben pasar algunos ratos sentados en la zona favorita del perro o en la que tienen asignada para dormir. Desde que es un cachorro, el perro debe acostumbrarse a tomar al menos una de sus comidas después de que la familia haya comido. De esta forma se imita la situación de los

ARRIBA: Cuando juegue con su perro, es importante que usted mantenga una postura erguida, como en la interacción de la foto. Si permite que su perro adopte una actitud física por encima de usted, este lo podría interpretar como un comportamiento de sumisión por su parte.

es la edad en que se alcanza la madurez social (como ocurre con las reacciones de comportamiento de los adolescentes).

Los olores en el mundo de su perro

El perro es el animal doméstico con el sentido del olfato más desarrollado. Las células nerviosas que identifican los olores están en el interior del hocico, cuya zona interna tiene muchos pliegues y abarca los olores hasta un área de 150 cm^2, aproximadamente (treinta veces mayor que el área que alcanza el olfato humano). En esa zona también se encuentra una alta concentración de células olfativas (el número varía en función de la raza), pudiendo albergar hasta 230 millones de ellas (cinco millones en el caso de los humanos).

Como resultado, algunos perros pueden detectar un olor en una proporción con respecto a los humanos de hasta un millón de concentración superior. Cuando usted pasea con su perro, este se mueve entre un vasto mundo de olores que se traduce en mensajes olfativos en una proporción de 1:10.000.000, lo cual es totalmente inconcebible para usted.

El perro identifica una gama de olores mucho más amplia de la que usted pueda imaginar. El promedio de olores que un humano puede detectar es de 1.000, o bien 4.000 para un experto; cifras que el perro supera de largo con facilidad.

Las habilidades olfativas varían entre las diferentes razas, siendo los mejores los sabuesos que se especializaron para esta tarea específica. El Bloodhound (Perro de St. Hubert) es uno de los mejores: se sabe de un animal que siguió el

miembros dominantes de la manada, cuando los subordinados deben esperar a que los dominantes coman primero. Se debe ordenar al perro que espere sentado a que las personas crucen la puerta. Las personas deberán mantener siempre una posición erguida cuando estén con el perro. Si usted está tumbado en el suelo y permite que su perro se ponga encima, lo que hacen a menudo los niños durante los juegos, su perro lo interpretará como una conducta de sumisión, lo cual podría desembocar en una respuesta agresiva cuando usted intentara dominar u ordenar algo a su perro.

Los perros a los que no se les han enseñado unas pautas claras acerca del rango que deben ocupar suelen volverse agresivos cuando tienen unos dieciocho meses, que

ARRIBA Y FOTO SUPERIOR: En un mundo ordenado según los diferentes olores, la orina tiene un papel comunicativo importante. Por este motivo, los perros suelen orinar en zonas donde antes lo han hecho otros perros, siendo esta una manera de dejar su «firma».

rastro de las pisadas de un hombre que calzaba botas con suela de piel hasta cuatro días y medio después de que este hubiera pasado.

Los olores son un medio de comunicación muy importante para el perro. Las glándulas secretorias de sustancias odoríferas están distribuidas por la zona de la cabeza, cuello e ingles; motivo por el que los perros se huelen alrededor de estas áreas cuando se encuentran.

Dos glándulas superiores (las glándulas anales), situadas a cada lado del ano son las productoras de secreciones de

un fuerte olor, que recubren las defecaciones y que pueden persistir durante bastante tiempo, dejando un mensaje olfativo para los demás perros. Estas secreciones son distintas en cada individuo. Cuando su perro olfatea las defecaciones que encuentra por el camino, está obteniendo información acerca del estatus del que dejó las defecaciones, así como el tiempo transcurrido desde que las dejó.

La orina también es una importante fuente de información para su perro: le dice quién pasó por ahí, cuánto tiempo hace y cuál es su estatus reproductivo.

Los órganos olfativos del perro

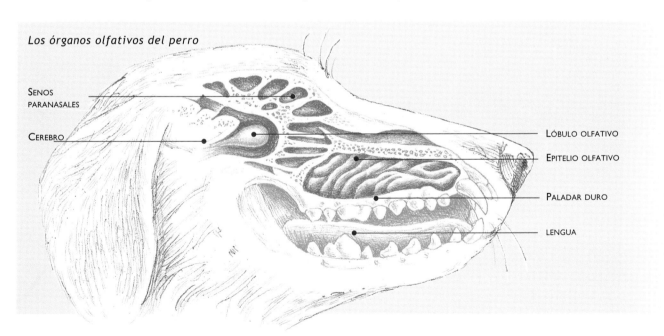

SENOS PARANASALES

CEREBRO

LÓBULO OLFATIVO

EPITELIO OLFATIVO

PALADAR DURO

LENGUA

ARRIBA: La búsqueda de drogas ilegales es una de las tareas que los perros realizan para los humanos. Los perros de rastreo también localizan a las víctimas de un terremoto, alud o accidente de montaña gracias a su sentido olfativo. Algunos incluso pueden detectar el rastro en un almacén de maderas.

La visión en el mundo de su perro

El sentido de la vista se desarrolla completamente en un perro a los cuatro meses. Antes de esta edad, muchos de los objetos aparecen borrosos, lo que podría explicar el comportamiento temeroso y asustadizo de algunos cachorros.

En la mayoría de las razas, los ojos se encuentran en los laterales de la cabeza, por lo que su visión abarca un espectro frontal mucho más estrecho que el nuestro (en torno a 20° menor). El grado de visión binocular no es igual en todas las razas, dependiendo de la posición de los ojos.

Aunque la visión binocular de los perros no es tan buena como la nuestra, su visión periférica es mucho más amplia (en torno a 70° más), lo que les dota de una mayor capacidad para percatarse de los movimientos de los demás. Los perros pueden detectar movimientos tan sutiles que, en comparación con la vista humana, tendrían que ser ampliados diez veces antes de que nosotros los pudiéramos percibir.

Las señales visuales son importantes en la comunicación canina. La postura, la posición de las orejas y la cola, y el movimiento del pelaje expresan el estado de ánimo y las intenciones.

Su perro puede reaccionar ante sutiles cambios del lenguaje corporal. Esto podría explicar el que su perro empiece a gruñir al apercibirse de la futura proximidad de un extraño.

Los perros tienen un sentido de la visión rudimentaria de los colores que puede permitirles diferenciar objetos, pero no pueden apreciar las tonalidades.

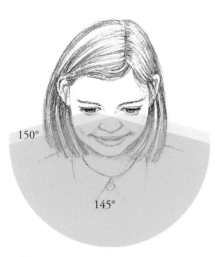

150°

145°

EL SER HUMANO TIENE UNA VISIÓN LATERAL QUE ABARCA UN TOTAL DE 150°, DE LOS CUALES 145° PERTENECEN A LA VISIÓN BINOCULAR.

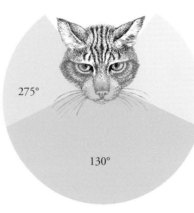

275°

130°

EL GATO TIENE UNA VISIÓN LATERAL QUE ABARCA UN TOTAL DE 275°, DE LOS CUALES 130° PERTENECEN A LA VISIÓN BINOCULAR.

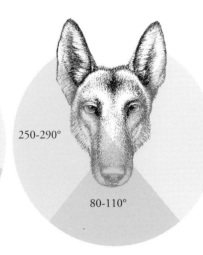

250-290°

80-110°

EL PERRO TIENE UNA VISIÓN INTEGRAL QUE ABARCA UN TOTAL DE 250°-290°, DE LOS CUALES 80°-110° PERTENECEN A LA VISIÓN BINOCULAR (UN PORCENTAJE MUCHO MENOR QUE EL DE LOS HUMANOS).

ARRIBA: Su perro no persigue a un disco volador en particular, ya que las tonalidades no las puede discernir, sino a un movimiento en particular.

El sentido del oído en su perro

La comunicación con sonidos (comunicación oral), es importante para los perros. Los perros emiten un variado número de sonidos: gemidos, ladridos, aullidos y gruñidos; todos ellos emitidos en diferentes contextos.

En comparación con los humanos, los perros tienen un sentido del oído mucho más desarrollado. El sonido se transmite por medio de ondas, cuya frecuencia de vibraciones se mide en unidades llamadas hercios (Hz).

El promedio del espectro auditivo del ser humano es de 20-20.000 Hz. El de los perros, en cambio, es de aproximadamente 20-65.000 Hz, y la variedad de espectro a la que son más sensibles es de 500-16.000 Hz. Una de las razones por las que algunos perros, y también gatos, se sienten molestos por el ruido de un aspirador o un motor de dos velocidades es porque estos aparatos emiten un desagradable sonido de alta frecuencia que nosotros no podemos oír.

Existe un silbato especial para perros inaudible para los humanos.

La intensidad (volumen) del sonido se mide en decibelios (dB). El umbral mínimo que capta el oído humano es de cero decibelios. El murmullo que produce el movimiento de las hojas, por ejemplo, alcanza aproximadamente 10 dB; una palabra susurrada, 35 dB; el motor de un vehículo, 50-60 dB; una sierra eléctrica, 110 dB, y el motor de un avión, 140 dB. Un ruido fuerte o de gran volumen puede perjudicar el oído humano, cuyo umbral máximo para soportar un ruido es de 120 dB.

Al tener los perros un sentido del oído muy agudo, pueden percibir sonidos muy débiles que resultan totalmente inaudibles para los humanos. Por ejemplo, el ser humano percibe un sonido cuya fuente de origen se encuentra a 6 m; en cambio, el perro puede oír un sonido cuya fuente de emisión esté a 25 m. Los perros pueden oír una tormenta que aún esté a 10 km de distancia; cosa totalmente imposible para nosotros.

El agudo sentido del oído de los perros hace que sean de inestimable valor como perros guardianes y que puedan escuchar una orden a gran distancia cuando están guardando el ganado. Esto también explica que a veces un perro ladre o se muestre inquieto sin una razón aparente. Nosotros no podemos oír ningún ruido, pero ellos sí.

Los perros son muy sensibles a las distintas tonalidades de la voz, por lo que demuestran una respuesta muy positiva frente a un tono de voz tranquilo y relajado. Es aconsejable, pues, utilizar una voz suave y clara para alabarlos y un tono seco, rudo y fuerte para órdenes o reprimendas. Las palabras que utilicemos para alabar u ordenar deben ser cortas, breves y claras (ver pp. 56-63, *El adiestramiento de su perro*).

El efecto que queremos lograr con un estímulo oral quedará disminuido si tocamos al perro, ya que el estímulo físico apagaría la percepción de la orden auditiva. Es conveniente que no acompañe una orden con unas palmaditas a su perro.

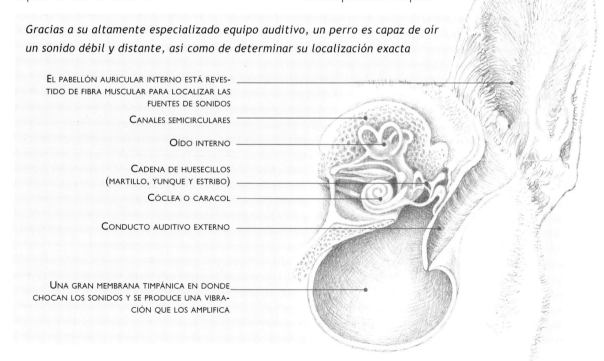

Gracias a su altamente especializado equipo auditivo, un perro es capaz de oír un sonido débil y distante, así como de determinar su localización exacta

EL PABELLÓN AURICULAR INTERNO ESTÁ REVESTIDO DE FIBRA MUSCULAR PARA LOCALIZAR LAS FUENTES DE SONIDOS

CANALES SEMICIRCULARES

OÍDO INTERNO

CADENA DE HUESECILLOS (MARTILLO, YUNQUE Y ESTRIBO)

CÓCLEA O CARACOL

CONDUCTO AUDITIVO EXTERNO

UNA GRAN MEMBRANA TIMPÁNICA EN DONDE CHOCAN LOS SONIDOS Y SE PRODUCE UNA VIBRACIÓN QUE LOS AMPLIFICA

EL ADIESTRAMIENTO DE SU PERRO

y del dueño

L a mayoría de los aspirantes a dueño de perro sueñan con gozar de la perfecta compañía canina: un perro obediente, tranquilo y de buen comportamiento en público. Desgraciadamente para algunos, el sueño se convierte en pesadilla... Sus amados animales de compañía se hacen con las riendas durante el paseo, les manchan con sus patas enfangadas su mejor traje, persiguen gatos, se echan encima de ancianos peatones y destrozan la tapicería del coche.

¿Cómo evitar encontrarse en estas situaciones? Empiece a adiestrar a su cachorro lo antes posible.

Sin embargo, recuerde que el adiestramiento es una actividad recíproca. No sólo es el perro el que necesita ser adiestrado, sino también usted y su familia. No sirve de nada que un miembro de la familia sea capaz de manejar al perro si los demás no pueden. Todos los miembros de la familia tienen que tener un rol dominante respecto al perro, aunque sólo uno sea identificado por éste como el líder de la manada.

Escuelas para cachorros

En las clínicas veterinarias suelen haber escuelas para cachorros en zonas higienizadas y con total ausencia de gérmenes. Están especialmente diseñadas para enseñar a los cachorros a socializarse y garantizan un entorno seguro e higiénico en el que ayudar a los dueños a adiestrar a su cachorro desde el momento en que lo llevan al hogar; generalmente a las seis o siete semanas de edad. Está completamente probado que los cachorros que han asistido a estas escuelas son mucho más obedientes y fáciles de controlar.

Si es posible, inscriba a su cachorro en una de estas escuelas desde el primer día e invierta un mínimo de veinte minutos repartidos en dos sesiones diarias para practicar y reforzar lo aprendido durante la semana.

Una vez que haya terminado la etapa escolar, siga con sus sesiones diarias de refuerzo. Llegados a esta etapa, su cachorro ya habrá sido vacunado y estará listo para que pueda llevarlo de paseo. No olvide practicar los ejercicios de adiestramiento durante sus paseos diarios.

Si quiere seguir con el adiestramiento, diríjase a un centro de adiestramiento profesional (ver p. 63, *El adiestramiento avanzado de su perro).*

Adiestramiento básico en casa

Las escuelas para cachorros le ofrecerán el adiestramiento básico necesario, pero es posible que usted desee empezar el adiestramiento antes, cuando el calendario escolar aún no ha empezado. Los cachorros aprenden muy rápido a partir de las ocho semanas de edad. Muchos pueden llegar a dominar las cuatro órdenes básicas, «sentado», «quieto», «ven», «abajo» y «arriba», a los tres meses de edad.

La mayoría de los perros obedecerán si se les ofrece golosinas. El hígado desecado, se puede encontrar fácilmente en forma de delgados barquillos. Pruebe con queso o galletas si a su cachorro no le gusta el hígado.

Durante las primeras etapas del adiestramiento, es mejor utilizar siempre este tipo de golosinas. Podrá eliminarlas de forma gradual hasta finalmente sólo premiar a su cachorro con alabanzas.

ARRIBA: Los primeros perros guía fueron entrenados por el gobierno alemán después de la Primera Guerra Mundial para ayudar a los soldados ciegos. El Labrador Retriever es la raza que más se utiliza para este tipo de asistencia.

FOTO SUPERIOR: Un arnés y correa para cachorros y perros pequeños.

Las órdenes básicas

Enseñe a su cachorro las órdenes según aparecen aquí relacionadas; ya que «sentado» suele ser la orden que se aprende más fácilmente, mientras que «ven» es la que cuesta más. Es mejor que su cachorro lleve correa durante el adiestramiento.

Sentado: De pie enfrente de su cachorro, sujete una golosina por encima de su cabeza, siguiendo una línea recta imaginaria desde las orejas del animal. Ordénele que se siente. Para alcanzar la golosina, será necesario que el cachorro levante la cabeza y la mueva hacia atrás, para lo cual tendrá que sentarse. Justo al sentarse, déle la golosina y felicítelo.

Algunos cachorros andan hacia atrás en lugar de sentarse. Si usted tiene este problema, coloque a su perro en una esquina para iniciar el ejercicio. Algunos aprenden muy rápido, y después de una semana de adiestramiento ya han aprendido a sentarse.

Abajo: Ordene a su perro que se siente y prémielo cuando lo haya hecho. Sujete otro premio con la mano, descendiéndola por entre las patas delanteras del cachorro hasta el final del tórax, al tiempo que le indica la orden «abajo». Al seguir con el hocico el movimiento de su mano, el cachorro descenderá el cuerpo y apoyará las patas delanteras en el suelo. En este punto, déle la golosina y felicítelo.

Algunos cachorros no acaban de apoyar las patas totalmente en el suelo. Si esto ocurre, empuje con la mano libre

el hombro del cachorro hacia abajo suavemente hasta que apoye las patas y adopte una postura pegada al suelo.

Quieto: Ordene al cachorro sentarse o tumbarse. Ponga la palma de la mano enfrente de la cara del cachorro y ordénele «quieto». Aléjese un paso del perro, deténgase, regrese junto a él y alábelo.

Progresivamente, aumente el número de pasos con que se aleja del cachorro. Si éste se mueve, dígale «no», vuélvalo a poner en la posición en la que estaba y ordénele de nuevo que permanezca quieto. Después de dos o tres semanas de práctica diaria, el cachorro permanecerá quieto mientras usted se aleja unos pasos para regresar después junto a él.

Arriba: Teniendo a su perro sentado, anímelo a que levante la cabeza y fije su atención en usted. Para ello, sujete una golosina mientras le habla con voz «aduladora»; es decir, ¡variando el tono y hablando de forma ñoña hasta sentirse realmente ridículo!

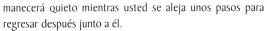

Enseñe a su perro las órdenes «sentado» y «abajo» utilizando halagos y golosinas

SENTADO: ORDENE A SU PERRO «SENTADO» MIENTRAS USTED BAJA LA MANO CON LA QUE SUJETA UNA GOLOSINA HACIA LAS OREJAS DEL CACHORRO. DESPUÉS PRÉMIELO CON LA GOLOSINA Y FELICÍTELO.

ABAJO: ORDENE A SU CACHORRO «SENTADO» Y DÉLE UN PREMIO. A CONTINUACIÓN, DESCIENDA LA MANO POR ENTRE LAS PATAS DELANTERAS DEL CACHORRO HASTA EL FINAL DEL TÓRAX, AL TIEMPO QUE LE INDICA LA ORDEN «ABAJO». DÉ AL CACHORRO LA GOLOSINA Y FELICÍTELO.

ARRIBA: La orden «sentado» suele ser la primera que se enseña porque es la más fácil de aprender. El cachorro reacciona de forma entusiasta al estímulo del aprendizaje positivo, por lo que, a la edad de tres meses ya habrá aprendido a obedecer «quieto».

Dé unos pasos adelante, ordénele «arriba» y anímelo a que le siga mientras anda hacia usted. La correa con que sujeta al perro deberá siempre quedar suelta. Nunca deberá estar tirante. Nunca haga uso de la cadena para que el perro vaya hacia usted. Repita «arriba, buen perro, perro bueno, mira». Cuando el perro le siga mientras le va mirando, déle un premio, pero es importante que usted no deje de andar. Esto refuerza la relación entre el premio y andar con la cabeza erguida. Si usted deja de andar para darle el premio, el cachorro asociará la acción de pararse con el premio, por lo que no querrá andar.

Ven: Practique esta orden varias veces al día en situaciones distintas. Utilice siempre golosinas. Llame al cachorro por su nombre y a continuación diga la palabra orden «ven»; prémielo con una golosina cuando el perro acuda junto a usted. Cuando lo llame, es preciso que su voz suene suficientemente sugestiva como para que el perro no sienta interés por el entorno.

Cuando el cachorro acuda junto a usted, exprese una satisfacción extrema. Será preciso que despierte el interés de su cachorro de forma que este olvide el resto de los estímulos.

Mientras el perro es cachorro o joven, llévelo siempre con correa cuando esté en un espacio exterior. No permita que el perro ande libremente hasta que usted esté totalmente convencido de que volverá junto a usted cuando lo llame. Puede transcurrir un año hasta completar este adiestramiento. Tenga en cuenta que esta es una de las lecciones más difíciles para un cachorro.

Es fundamental que nunca regañe o castigue a su cachorro si no regresa junto a usted. Si le ignora, déjelo atado con la correa retráctil y salga tranquilamente de la habitación. Cuando vuelva a entrar, ordene a su cachorro que se siente y prémielo y halágüelo cuando lo haya hecho. Plantéele un juego y haga que el cachorro se divierta.

Con una práctica continuada su perseverancia se verá premiada.

Tranquilo: Algunos perros tienen una tendencia natural de ladrar ante la menor provocación. Para estos animales es conveniente enseñarles la palabra orden «tranquilo».

Para empezar con este adiestramiento, acérquese al perro cuando esté tranquilamente sentado o tumbado: felicítelo mientras le dice «tranquilo». Hágalo varias veces al día. Cuando el perro ladre a algo o alguien, llámelo, ordénele que se siente y esté tranquilo. Felicítelo y prémielo por estar tranquilo.

Puesto que ladrar a los intrusos o por un ruido extraño, forma parte de la tendencia instintiva del perro, el perro no abandonará esta costumbre por completo, pero con esta orden podrá controlar su deseo innato de ladrar.

Busca: Algunas razas de perro son instintivamente «cobradores» o de busca (los que recogen y llevan la presa que cae

El moderno método de hacer que un cachorro obedezca a estarse «quieto» y «arriba»

QUIETO: Ordene a su cachorro «sentado» y «quieto», utilizando una golosina y alabándolo. Repita la orden «quieto» y aléjese. Repita el proceso.

ARRIBA: Una vez el cachorro esté sentado, anímelo a que alce la cabeza y fije su atención en usted mediante la ayuda de una golosina. Después camine y anime a su cachorro a que lo siga mientras repite la orden «arriba». Cuando empiece a andar manteniendo la cabeza erguida hacia usted, déle una golosina.

ARRIBA: Para evitar que el perro muerda a nadie, se puede utilizar un bozal ligero durante los paseos y adiestramiento.

a su dueño) mientras que otras razas no expresan esta tendencia. Si su cachorro pertenece a esta raza de «cobradores», se hará evidente su tendencia desde las doce semanas de edad (se mostrará deseoso de recoger o cobrar objetos, incitándole a perseguirlo mientras retiene algo en la boca). Si le lanza una pelota, por ejemplo, su cachorro la perseguirá para recogerla y traérsela.

Será preciso que eduque esta tendencia natural del perro de busca, enseñando a su cachorro las órdenes para recoger y traerle un objeto. Para empezar, incite a su perro a que le persiga mientras usted retiene un juguete en la mano y después láncelo a una distancia corta. Vaya con su cachorro hasta donde se encuentre el juguete, recójalo, déselo al cachorro y vuelva a empezar. Utilice la orden «busca».

Al principio, mantenga al perro sujeto con una correa retráctil para que sea más fácil controlar sus movimientos.

Algunos cachorros recogen el objeto, pero no quieren llevárselo a su dueño. Para modificar esta actitud, remplace el objeto por una golosina o uno de los juguetes preferidos del cachorro. Al final, el perro asociará el perseguir y recoger el objeto con una actividad divertida y agradable.

Las razas de perros buscadores por naturaleza incluyen a todos los perros perdigueros como los Labradores, Pointers, Setters y Poddles (Caniches). Otras razas de busca son el Pastor alemán, el Dogo, el Dálmata, la mayoría de los Terriers y muchas de las razas cruzadas.

Controlar la tendencia a morder durante el juego

Los cachorros suelen morder a las personas durante el juego, tal y como hacen cuando están con otros cachorros. Puede llegar a ser difícil controlar esta tendencia a morder durante el juego, en especial si se trata de perros que no han ido a la escuela cuando eran cachorros.

Durante el juego, si un cachorro muerde a otro, este último chillará e inmediatamente volverá la espalda al agresor para expresarle su rechazo a seguir jugando. Si fuera mordido de nuevo, podría responder gruñendo y

mordiendo, aunque no siempre ocurre. Por norma general, el agresor se mostrará sorprendido por la reacción del otro cachorro, por lo que se retirará, e intentará sucesivos acercamientos en un modo más apacible. Si su cachorro le muerde, diga «¡ay!» en voz alta y váyase. Ignore al cachorro o déjelo solo en la habitación durante cinco minutos. Regrese, llame al cachorro, ordénele sentarse y déle unas palmaditas afectuosas. Si le vuelva a morder, repita el proceso. Con este comportamiento, su cachorro acabará por comprender que cuando muerde a alguien se le deja solo y abandonado. Sin embargo, algunos cachorros continuarán mordiendo, por lo que será preciso ponerlos en una posición subordinada para que logren aprender. Para hacer esto, ponga al cachorro tumbado de costado en el suelo, con una mano presione el cuerpo del animal para evitar que pueda moverse y rodéele la boca cerrada con la otra mientras le mira fijamente a los ojos. Cuando el cachorro deje de forcejear, suéltelo y acarícielo suavemente. Repita este comportamiento siempre que el cachorro muestre deseos de morder, a pesar de ordenarle que no lo haga. Sería conveniente consultar con el veterinario o adiestrador para que le hagan una demostración antes de hacerlo usted solo.

Nunca sea brusco durante los juegos con su cachorro, ya que incitaría al cachorro a ser violento y a morder. Puede utilizar un juguete viejo para que el perro pueda morder y dar tirones, pero nunca le permita hacerlo con la ropa que usted lleva puesta. Evite que el cachorro se acostumbre a tironear de las mangas o perneras del pantalón.

ARRIBA: Collar ligero con clip y correa para un perro de tamaño mediano.
FOTO SUPERIOR: Aunque el Rottweiler no es por naturaleza un perro de busca, se le puede adiestrar para ello; un ejercicio de obediencia conveniente para un animal de gran fuerza.

Saltos y brincos

Algunos perros se sienten muy agitados cuando su dueño regresa a casa o cuando vienen visitas, por lo que muestran su entusiasmo encaramando las patas delanteras por encima del cuerpo de las personas. Esto puede resultar muy molesto, estropear y rasgar la ropa, además de que el perro podría hacer caer al suelo a los niños o ancianos.

Si su perro tiene este comportamiento, déle la espalda y váyase. Sin decirle nada, abandone la habitación si es posible y deje al perro encerrado dentro. Regrese al cabo de unos minutos y ordénele que se siente. Premie al perro con una golosina cuando se haya sentado. Si el perro brinca e intenta ponerle las patas encima, vuélvase inmediatamente de forma que, inevitablemente, el perro caiga con las patas al suelo. Ordénele de nuevo que se siente y prémielo cuando lo haya hecho.

Si a pesar de este proceder, el perro no cambia su comportamiento, pida ayuda. Cítese con alguien en casa a una hora acordada. Cuando llegue la visita, tenga a su perro sujeto con correa y ronzal; evite que salte encima de la visita. Mientras saluda a la visita, ordene a su perro que se siente tranquilo. Es preciso que la visita ignore al perro al principio. Premie a su perro por su comportamiento tranquilo y después pídale a la visita que salude al perro, el cual ha de permanecer sentado y tranquilo. Si hace intento de saltar encima del visitante, este deberá dejar de acariciarlo y marcharse. Cuando el perro se vuelva a sentar tranquilo, la visita puede regresar y acariciarlo.

Este protocolo también pueden llevarlo a cabo entre los miembros de la familia para acostumbrar a su perro a conducirse de manera que no sea problemático cuando alguien entra en casa. El perro aprenderá pronto a asociar que será ignorado o encerrado si se pone a brincar, de forma que cuando llegue alguien a casa, sea una visita o su dueño, el perro correrá hasta el recién llegado y se sentará junto a él.

Para evitar que los perros salten:

○ No anime a los perros a que, como forma de reclamar la atención, se pongan sobre las dos patas traseras o salten encima de las personas.
○ No se muestre excesivamente entusiasta al saludar a su cachorro o perro.
○ Antes de prestarle atención, ordene a su perro que se siente o tumbe.

Regañar y corregir

Las técnicas modernas de adiestramiento no suelen recurrir al castigo físico: el énfasis recae sobre la redirección del comportamiento inaceptable y el premio para el correcto. A esto se le conoce como refuerzo positivo.

Los «tradicionales» métodos consistentes en golpear a los perros con la mano o con un periódico doblado pueden crear confusión en el animal o bien volverlo huidizo. No olvide que en la mayoría de los casos el comportamiento del perro no es deliberadamente negativo. Para el perro no es fácil ver la diferencia existente entre la zapatilla vieja con que se le permite jugar y unos zapatos caros. Redirigirle pacientemente hacia sus propios juguetes será más provechoso que chillarle o pegarle.

Si usted realmente piensa que el castigo físico es adecuado y que la redirección no funciona (por ejemplo, si el perro insiste en hacerle la vida imposible al gato o en destrozar los cojines), decántese por el siguiente «procedimiento correctivo»; comprobará que es mucho mejor que golpear al animal:

○ Agárrelo tirando fuerte del collar.
○ Mírelo fijamente a los ojos.

FOTO SUPERIOR: Saltar encima de las personas es un comportamiento inadecuado que puede llegar a ser peligroso. Para evitarlo, no se muestre excesivamente entusiasta cuando, de vuelta a casa, salude a su cachorro o perro.

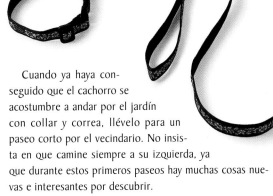

○ Diga «no» con firmeza.

○ Llévelo a otra habitación.

○ Regrese junto al perro pasados dos minutos, ordénele «sentado» o «abajo» y prémielo después.

También puede usarse una pistola de agua para corregir este tipo de comportamiento. Láncele un chorro de agua directo a la cara cuando se esté comportando mal. Cuando se retire con sorpresa, llámelo para ordenarle que se siente y premiarlo luego.

En la mayoría de los casos, si el perro ha sido adiestrado correctamente, mediante la redirección y el premio, no será necesario el castigo físico.

Recuerde también que existen veterinarios y expertos en comportamiento que se especializan en el tratamiento de comportamientos problemáticos. Si tiene problemas con el adiestramiento de su perro, o bien este se muestra agresivo, pesado, ruidoso, excesivamente temeroso o inquieto, recuerde que obtener ayuda es muy fácil.

Ayudas para el adiestramiento

Su perro debe acostumbrarse a llevar collar desde el primer día que lo lleve a casa. Al principio, póngaselo durante breves períodos; por ejemplo, durante la comida o cuando esté jugando, hasta que de forma gradual se acostumbre a llevarlo siempre.

Una vez se haya acostumbrado al collar, añada una correa ligera con clip de 120 cm y practique: llévelo sujeto durante un rato mientras lo pasea y si es necesario tire suavemente de la correa para guiarlo hacia la dirección deseada. Intente que su cachorro camine siempre a su izquierda, sosteniendo el asa con la mano derecha. Sea paciente con el cachorro hasta que se acostumbre y no olvide alabarlo y premiarlo siempre que tenga un buen comportamiento. Si su cachorro protesta, de vez en cuando, suelte la correa y deje que la arrastre prendida del clip del collar (no olvide seguirlo para asegurarse de que la correa no se engancha en ningún sitio o acaba mordisqueada).

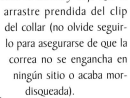

Cuando ya haya conseguido que el cachorro se acostumbre a andar por el jardín con collar y correa, llévelo para un paseo corto por el vecindario. No insista en que camine siempre a su izquierda, ya que durante estos primeros paseos hay muchas cosas nuevas e interesantes por descubrir.

Es importante utilizar una correa larga para permitir que su cachorro pueda investigar con libertad el entorno, aunque teniendo usted el control de la situación. Si lo sujeta con una correa tirante, podría hacer que el cachorro, en lugar de ir de paseo de buena gana, retrocediera y no quisiera seguirlo.

Correas y collares estándar

Desde los seis meses, los perros adolescentes y adultos deben llevar correa de nailon o piel en la que es recomendable poner una chapa identificativa.

Escoja una correa que sea adecuada para el tamaño y fuerza de su perro. Para una raza grande, es mejor una fuerte y más bien corta, con un enganche de eslabón y asa de piel; o bien una de cuero entrelazado. Para una raza pequeña, puede utilizar una más delgada y larga, de piel o nailon.

Correas retráctiles

Existe una gran variedad dependiendo del peso del perro. Tienen una longitud de entre tres y cinco metros y son ideales para adiestrar a su perro a que acuda cuando se le ordene; además, usted puede controlar mejor al perro al tiempo que este se siente con libertad de movimiento.

Es importante dejarse aconsejar por un experto antes de usar ronzales, arneses y collares de castigo. Consulte con el veterinario para que le confirme si hay alguna especialmente apropiada para su perro y solicite que le indique las adecuadas instrucciones de uso.

ARRIBA: Una ligera correa retráctil o extensible.
FOTO SUPERIOR: Un collar con correa de nailon para un perro de tamaño mediano.

dar empujones. Son mejores las cadenas con eslabones grandes.

El problema es que para algunos perros, el sonido de la cadena pasa desapercibido y aún empujan más fuerte. Al hacerlo, la cadena aprieta la garganta y el perro podría ahogarse. También existen las cadenas deslizantes de doble acción. Estas sólo aprietan un poco y no ahogan al perro. Para un adiestramiento menos severo, puede usar una cadena deslizante de piel, cuerda o las que son una banda ancha de nailon.

Atención: Si no se usan correctamente, estas cadenas pueden causar graves lesiones en la garganta o en las vértebras cervicales.

Arneses

Los arneses están diseñados para colocarlos alrededor del pecho y por detrás de las patas delanteras. Son muy prácticos para perros pequeños, especialmente los de cara chata, o bien para perros que han tenido alguna lesión en el cuello.

Es inútil colocarle un arnés estándar a un perro grande con tendencia a tirar de la correa; es mejor escoger un arnés diseñado de forma que cuando usted tire de la correa, ejerza la presión en el pecho y las patas delanteras del animal. Es bastante efectivo, aunque puede ser causa de rozaduras.

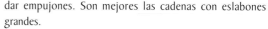

Ronzales

Algunos perros tienen la costumbre de tirar de la correa, lo que les hace sentir incómodos. Los ronzales están diseñados para que usted pueda, mediante el control de la cabeza del perro, controlar la velocidad y dirección de éste.

También son útiles para impedir las peleas entre perros, ya que mediante el control del ronzal usted desviará la vista de su perro si otro se acerca, lo que evitará una eventual agresión porque el perro está obligado a adoptar una postura de sumisión.

Atención: Si usted desea utilizar un ronzal para controlar mejor a su perro, deberá aprender a utilizarlo correctamente. Un tirón demasiado fuerte podría causar una lesión en el cuello del animal.

Collar de castigo o trabajo, correas deslizantes

Estas cadenas están formadas de presillas metálicas eslabonadas. La idea es poder tirar de la correa con una fuerte sacudida y dejarla floja de nuevo. El perro aprende así a asociar el sonido de la cadena con una sensación desagradable en la garganta si empuja, hasta que acaba por andar sin

Collares de citronella

Estos collares van equipados con un aerosol que rocía una solución de citronella en la cara del perro cada vez que este ladra, por lo que pueden ser prácticos en los casos de ladridos molestos. Es importante que un especialista en comportamiento le asesore y supervise la utilización de este collar al principio.

Si la causa de que el perro ladre está relacionada con un cuadro de ansiedad, sería perjudicial el uso de este tipo de collar.

ARRIBA, IZQUIERDA: Un collar de castigo o trabajo, también llamado cadena deslizante, para un perro de tamaño mediano.

ARRIBA, DERECHA: Un arnés para un perro de tamaño mediano.

FOTO SUPERIOR: Cuando su perro ya haya aprendido a andar a su lado, será el momento de pensar en un adiestramiento avanzado.

Adiestramiento avanzado

Cuando su perro ya domine las órdenes básicas, usted tendrá a un animal manejable y con el que da gusto estar. En ese momento, ya puede empezar con estas indicaciones para enseñarle órdenes a distancia, como hacer que el perro obedezca a la orden de «abajo» a distancia. Los clubes de adiestramiento de perros pueden ayudarlo con el adiestramiento avanzado y no olvide que su clínica veterinaria le puede facilitar información sobre los clubes de su zona.

Algunas razas son ideales para pruebas de trabajo, obediencia y agilidad

Bearded Collie

Border Collie

Bóxer

Dálmata

Doberman

Golden Retriever

Great Danés

Labrador Retriever

Old English Sheepdog

Pastor alemán (Alsaciano)

Pastor belga

Pointer

Poodle

Rottweiler

Schnauzer

Setter Irlandés

Weimaraner

Welsh Corgi

El adiestramiento del perro adulto

Si usted adopta a un perro de la perrera o de un albergue de crianza, tendrá que enfrentarse al adiestramiento de un animal adulto, que puede tener hábitos adquiridos desde hace meses o años. Se requerirá tiempo, esfuerzo y paciencia para enderezar su comportamiento, pero puede hacerse. Por ejemplo, los perros policía a menudo no empiezan su adiestramiento hasta que no tienen 20 meses.

ARRIBA: Los perros muy grandes sólo son adecuados para las personas que puedan proporcionarles el espacio, tiempo y paciencia para adiestrarlos y ejercitarlos diariamente. En muchos países, es obligatorio que los perros grandes vayan con bozal cuando se encuentran en lugares públicos.

En general, el adiestramiento será un poco distinto al realizado con los cachorros, aunque los protocolos a seguir para varias de las órdenes serán los mismos que los descritos en el adiestramiento para cachorros. No obstante, tenga en cuenta que el perro podría haber pasado por un adiestramiento anterior, por lo que podría responder a órdenes distintas. Así que, pruebe con varias palabras durante un tiempo y evalúe la respuesta del animal. Por ejemplo, algunos perros se tumban en el suelo con la orden «cae», mientras que otros lo podrían hacer con «abajo» o «túmbate».

Pueden surgir dificultades si una orden ha quedado obsoleta. Esto ocurre si un dueño anterior ha utilizado una orden, pero no se ha asegurado que el perro aprendiera la reacción adecuada. En estos casos, lo único que aprende el perro es a ignorar tal orden. Esto suele ocurrir con «no» y «ven». En estos casos, es mejor utilizar palabras alternativas como podría ser «stop» o «aquí».

Cuando se haya decidido por una orden en particular, asegúrese siempre que el perro tiene la reacción deseada. Lleve a su nuevo perro con una correa retráctil hasta que responda adecuadamente a las órdenes.

El adiestramiento en casa puede ser un problema importante con los perros adultos. Los que han estado en albergues de crianza puede que estén acostumbrados a defecar en un suelo de cemento (han desarrollado la «preferencia de sustrato»), por lo que hará sus necesidades en las aceras, carreteras y portales, para fastidio de usted y sus vecinos. Sería mejor educarlos para que defecaran en alguna zona con suelo duro del interior de la casa.

Será necesario que lo acostumbre a un sustrato preferente distinto. El único modo de conseguir esto es vigilarlo constantemente, llevarlo sujeto con la correa al exterior a la menor señal de que necesite hacer sus necesidades, quedarse con él y alabarlo y premiarlo cuando haya evacuado en una zona adecuada.

No espere de su perro que sepa exactamente lo que se quiere de él. El hecho de ser un adulto no significa que esté programado para cumplir con todo lo que usted le mande. No pida demasiado de golpe e intente ser comprensivo con los errores de su perro.

Guarda

La mayoría de los perros, independientemente del sexo a que pertenezcan, tienen tendencia a guardar su territorio. Esta tendencia varía entre las razas. Rottweilers, Pastores alemanes, Dobermans y Rhodesian Ridgebacks son las razas más predispuestas para las tareas de guarda. Los machos suelen mostrar una tendencia más acusada que las hembras.

Los machos suelen mostrar una tendencia más acusada que las hembras.

La mayoría de la gente se siente segura con un perro que les alertará con sus ladridos de la presencia de un intruso. Una forma de incitar al perro para que sea guardián es que el dueño reaccione a los ruidos que vengan del exterior. Si el dueño da un brinco, va hacia la puerta y le dice al perro «¿Qué ha sido eso?» o emite un sonido silbante, el perro empezará a ladrar. Los perros que han sido adiestrados

ARRIBA: Los perros policía reciben un adiestramiento altamente especializado y es preciso que sean valientes, así como inteligentes.

FOTO SUPERIOR: Un collar de piel; una correa fuerte, aunque ligera, de tejido y un collar de castigo para un perro grande.

para obedecer las órdenes orales cesarán de ladrar a un extraño cuando su dueño les tranquilice o diga las órdenes «sentado» o «tranquilo».

Algunos perros son adiestrados para atacar, pero no es algo que necesite o desee la mayoría de la gente. Este tipo de adiestramiento es un trabajo para profesionales especializados.

Algunas personas quieren que su perro ataque a un intruso nada más verlo. En la mayoría de los casos, se trata de perros que están en recintos exteriores y que son incitados a que reaccionen sin control a la mínima señal de intrusión. A estos perros se les permite que muerdan a cual-

quier persona que entre en su territorio. Son potencialmente peligrosos y sus dueños corren el riesgo de ser castigados por la ley si una persona resultara herida. Estos perros no ven la diferencia entre una persona que llama a la propiedad con motivos lícitos y la que lo hace con malas intenciones. Ellos morderán a cualquier intruso.

La llegada de un bebé

Dos meses antes de la llegada del bebé o bien tan pronto como ya tenga en casa todos los preparativos, haga que su perro se familiarice con el equipo y juguetes que formarán parte de la cotidianeidad del bebé. Ayúdelo a que se acostumbre a los olores de talcos y lociones, así como a los sonidos de los juguetes de goma y luces quitamiedos.

Cuando esté en el hospital después del nacimiento, déle ropa usada del bebé a su pareja para que la lleve a casa y la pueda oler el perro, de modo que se familiarice con sus olores.

Cuando llegue a casa con el niño, déjelo en el cochecito mientras se dedica a saludar sólo al perro. Póngale la correa al perro, pídale a su pareja que lo sujete y luego acerque al niño. Permita que el perro huela al niño, que le acompañe a la habitación del bebé y esté con usted mientras acomoda al bebé en su cunita.

En los días sucesivos, permita al perro que se implique en las tareas de atención y cuidado del niño. Es mejor que lo mantenga sujeto con una correa corta en la habitación si está atareado cambiando o dando de comer al bebé. Nunca deje al niño y al perro solos sin vigilancia. Los niños se mueven y emiten ruidos parecidos a los de una presa, lo que podría despertar los instintos de predador agresivo en algunos perros (ver p. 69, *Agresividad predadora*).

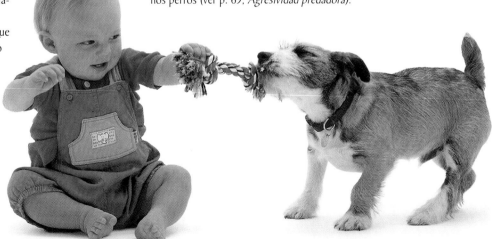

ARRIBA: A pesar de que los bebés que empiezan a andar y los perros pueden convertirse en buenos amigos, es fundamental que nunca los deje solos.

FOTO SUPERIOR: Si usted está seguro de querer adiestrar a su perro para que ataque y asume que esto pueda conllevar problemas con la justicia, será preciso que busque a un adiestrador profesional.

PROBLEMAS DE COMPORTAMIENTO HABITUALES
y cómo afrontarlos

Agresividad

En el mundo canino, la agresividad forma parte de un comportamiento normal. Los perros muestran agresividad cuando se sienten amenazados por otro animal, durante la caza, cuando protegen a sus cachorros y cuando intentan establecer un orden social. Para expresar esta agresividad adoptan varias posturas acompañándolas de vocalizaciones como son gruñir, refunfuñar y ladrar. La agresión entre los perros es contrarrestada por comportamientos de sumisión de otros animales más débiles o de rango inferior, lo que contribuye a evitar peleas peligrosas.

La agresividad puede resultar un problema si es excesiva o dirigida hacia las personas. De hecho, es uno de los problemas de comportamiento más habituales de los perros.

Agresividad dominante

Este es el problema de agresividad más común, que aparece cuando el perro intenta imponer su voluntad por encima de la de sus dueños, retándoles por el dominio del control. Puede que el perro ya sienta que controla la relación o que esté probando a su dueño para obtener información acerca de su posición en la casa.

Los perros agresivos y dominantes, por lo general, gruñen o muerden si se les estorba cuando están durmiendo o si se les ordena hacer algo que no les apetece. Esta forma de agresividad aparece por primera vez cuando el perro alcanza su madurez social, entre los dieciocho meses y los dos años de edad. A esta edad, el animal necesita saber cuál es su lugar en la jerarquía de la casa, por lo que intentará establecer su «rango». Como resultado de esto, es posible que ladre a algunos miembros de la familia pero no a otros. Los niños suelen ser los primeros en ser desafiados, probablemente porque son pequeños y porque su conducta es menos asertiva que la de los adultos.

Los perros con agresividad dominante podrían también demostrar una agresividad respecto de las posesiones y/o la comida (ver p. 68). Si su perro se comporta de una forma agresiva hacia usted u otros miembros de la familia, deberá buscar la ayuda de su veterinario, quien podrá dirigirlo a un experto en comportamientos animales.

En primer lugar, el perro deberá pasar un examen médico para asegurarse que no existe un problema de salud que pueda ser motivo del cambio de comportamiento. En el caso de que el diagnóstico sea de agresividad dominante, necesitará seguir alguno de los programas específicos para la modificación del comportamiento, los cuales suelen dar buenos resultados, aunque es preciso esfuerzo, tiempo y motivación por parte del dueño.

Para prevenir la agresión dominante: Si le facilita a su perro unas pautas claras de conducta desde que sea un cachorro, podrá reducir el riesgo de que su perro desarrolle una agresividad dominante. A continuación, encontrará algunas pautas de ayuda:

FOTO SUPERIOR: Si no quiere convertirse en el miembro más odiado de su vecindario, no permita que su perro ladre descontroladamente. Ladrar es el comportamiento menos tolerado, tanto por aquellos que no tienen perros como por los que sí.

- No dé la cena a su perro hasta que la familia no haya acabado de comer. Esto refuerza la posición dominante de la familia respecto al cachorro. En una manada, los animales dominantes comen primero.
- Para reafirmar su posición dominante respecto al perro, siéntese cada día durante un corto espacio de tiempo en la zona que este tiene para dormir.
- Llévelo a la escuela para perros cachorros lo antes posible para que empiece su adiestramiento.
- Si muestra señales de agresividad, déjelo durante 5 ó 10 minutos cada día solo en una habitación. Juegue con él sólo cuando no muestre una actitud agresiva.
- Enseñe al cachorro a que deje que los miembros de la familia crucen las puertas antes que él.
- Invierta cada día 5 ó 10 minutos en el adiestramiento.
- Continúe enseñándole, una vez que el cachorro ya las domine, las órdenes de «sentado» y «abajo» al menos dos veces cada día.
- No deje que le ponga las patas encima cuando el cachorro quiera llamar su atención. Ignórelo si lo hace, préstele atención sólo cuando esté tranquilo o cuando se haya sentado después de ordenárselo.

Agresividad causada por el miedo

Este es el segundo tipo de agresividad más común, que en algunos casos es heredada. La agresividad causada por el miedo es más común en los perros adoptados de las perreras y a menudo se ha originado por abusos en el pasado. Estos animales precisan rehabilitación.

Los perros con agresividad causada por el miedo pueden empezar a mostrar una actitud sintomática a los tres meses de edad. Se muestran asustados sin razón aparente. Pueden sentirse aterrorizados durante el paseo porque se acerca un peatón o ven cualquier objeto acercarse por la carretera. Su reacción es gruñir, agitarse, esconder la cola entre las piernas, alejarse de la persona u objeto y, posiblemente, orinar o defecar. Generalmente, se les eriza el pelo del cuello y la grupa.

Con estos animales es importante buscar la ayuda de un experto en comportamiento animal. A menudo precisan ser medicados y pasar por un programa de sensibilización, que puede conllevar la exposición gradual al estímulo que provoca el miedo, en conjunción con una terapia de relajación. Mientras no empiece el tratamiento, lleve a cabo estas medidas:

- Evítele los estímulos que provocan el miedo hasta que consiga ayuda especializada.
- No tranquilice ni acaricie al perro cuando se muestre asustado, ya que el animal podría entenderlo como un premio. Si se muestra temeroso, ignórelo.
- Cuando se empiece a tranquilizar, prémielo por su comportamiento.

La prevención de la agresividad causada por el miedo: posiblemente, no se pueda eliminar la agresividad causada por el miedo cuando existe una predisposición genética. Puede ayudar el facilitarle un entorno diferente que el animal pueda asociar con personas y experiencias positivas.

ARRIBA: Las peleas durante el juego, sin que nadie resulte herido, son un método para determinar quién es el perro dominante.

Agresividad posesiva

Un ejemplo típico es el perro que se niega a devolver los juguetes u objetos que le ha quitado a sus dueños. Cuando se le obliga a que los devuelva, puede gruñir, refunfuñar e incluso morder. Los perros que muestran una agresividad con respecto de las posesiones también suelen mostrar síntomas de agresividad dominante. Se considera que la agresividad posesiva forma parte de un «complejo por el control».

La agresividad posesiva es potencialmente peligrosa, especialmente si el perro se relaciona con niños. Es posible que el experto en comportamiento recomiende seguir un tratamiento. Asegúrese de que el perro no se encuentra ante situaciones que lo puedan provocar hasta que no se haya completado el tratamiento.

La prevención de la agresividad posesiva: Estas tácticas le ayudarán:

○ Asegúrese de que el cachorro entiende cuál es su posición subordinada en la casa (ver p. 66, *Agresividad dominante).*
○ No demuestre violencia hacia muñecos durante los juegos con cachorros o perros ancianos.
○ Enseñe al cachorro que si devuelve una pelota o un juguete, obtendrá un premio.

Agresividad con respecto de la comida

Los perros que muestran este tipo de agresividad pueden ser muy peligrosos, especialmente con los niños. Estos perros defienden salvajemente su comida o gruñen constantemente cuando están comiendo. Si tienen un hueso o una galleta, pueden incluso arremeter o morder a cualquiera que pase cerca de ellos.

La agresividad con respecto de la comida puede darse junto con la agresividad dominante.

Probablemente, es más fácil y seguro que estos perros coman encerrados en una habitación. No dé huesos a un perro con este tipo de agresividad, ya que los defienden con especial violencia. Aunque suele ser difícil, el adiestramiento podría cambiar este comportamiento, por lo que es recomendable buscar el consejo de un experto.

Para empezar, ordene al perro que se siente a una distancia de su tazón de comida vacío, ponga algo de comida en el recipiente y colóquelo cerca del perro para que este coma. Cuando haya terminado de comer, repita el proceso. Al final, el perro le permitirá que toque el tazón mientras está comiendo. Si el perro empieza a gruñir durante este proceso, retire la comida.

Los estados de la expresión de la agresividad

1 ESTADO DÓCIL NORMAL

2 INICIO DE AGRESIVIDAD

3 AGRESIVIDAD AGUDA

4 AGRESIVIDAD FEROZ

Los estados de la expresión de la agresividad y el miedo

1 INICIO DE MIEDO

2 MIEDO AGUDO

3 AGRESIVIDAD Y MIEDO

4 MIEDO Y AGRESIVIDAD EXTREMA

ARRIBA: El miedo puede causar una respuesta agresiva en los perros. Los dibujos de arriba muestran los estados progresivos, desde un estado de docilidad o leve miedo hasta una agresividad feroz o miedo y agresividad extrema.

La prevención de la agresividad con respecto de la comida: La agresividad con respecto de la comida es un comportamiento normal porque para los perros es natural proteger su comida. Los cachorros de una camada grande aprenden rápidamente a pelear por las porciones mayores y a guardar las que consiguen.

Puede ser práctico dar de comer de su propia mano al cachorro con asiduidad y permanecer cerca mientras este come. Asegúrese de que su cachorro entiende que usted tiene un rol dominante.

Agresividad materna

Esta agresividad ocurre inmediatamente después de parir. Las madres defienden con fiereza a sus cachorros ante cualquier intruso y, en ocasiones, incluso han llegado a matar a sus cachorros.

La agresividad materna se puede dar durante los falsos embarazos, protegiendo a juguetes como si se tratara de la camada. Lleve a cabo estas tácticas para hacer frente a la agresividad materna:

○ Evite molestar a la madre durante la primera semana de maternidad.
○ Apártela de los cachorros y hágala caminar sujeta con correa mientras alguien arregla el lecho de los cachorros.
○ Déle de comer al regresar y déjela sola.
○ En los casos de embarazo falso, recoja los juguetes del lecho mientras alguien lleva a la perra de paseo. Altere la rutina diaria e intente estimularla con intereses nuevos. En algunos casos, puede ser necesario un tratamiento hormonal.

Para prevenir la agresividad materna: Las perras que den muestras de este comportamiento, que suele ser hereditario, tienen que someterse a una intervención para extraerle los ovarios, puesto que es bastante probable que se muestren agresivas cuando tengan a su camada real.

Agresividad predatoria

Los perros con este tipo de agresividad tienen por costumbre acechar a otros animales como gatos, ardillas, pollos e incluso ovejas y cabras para matarlos. En la mayoría de los casos lo hacen de manera silenciosa y rápida. Este comportamiento no sólo es reprobable porque puedan matar a los animales de compañía de los vecinos, sino que también resulta una amenaza para los humanos.

La situación peor es cuando estos perros dirigen su atención hacia los niños y bebés.

Para el perro, los recién nacidos o niños pequeños se comportan como una presa malherida: tienen mala coordi-

nación y tienden a chillar de improviso. Esta actuación despierta en el perro el comportamiento predatorio.

Este comportamiento no se puede corregir, por lo que el perro debe estar sometido a una vigilancia constante. Nunca se le debe dejar sin vigilancia cuando está cerca de los niños.

Para prevenir la agresividad predatoria: Un adiestramiento de obediencia puede ayudar a que estos animales se controlen, pero bajo ninguna circunstancia se les debe dejar solos con víctimas potenciales.

ARRIBA: La agresividad materna disminuye a medida que los cachorros crecen.
FOTO CENTRAL SUPERIOR: Es natural entre los perros que guarden celosamente su comida y que peleen por obtener la ración mayor.

Para conseguir esto, se enseñará al perro a asociar la llegada del cartero con otro comportamiento, como «sentado» para que el perro concentre la atención en el dueño y el premio que recibirá por ello. Un experto en comportamiento le puede diseñar el protocolo idóneo para su perro.

Para prevenir la agresión redirigida: es casi imposible predecir si un animal dará muestras de este tipo de agresividad. En un adiestramiento de obediencia es beneficioso disminuir la posibilidad de que este comportamiento tenga lugar.

Si un perro muestra signos de un ataque inapropiado hacia cualquier otro animal o persona, mójele con una manguera para ayudar a solucionar la situación hasta que se pueda llevar a cabo un programa de mejora de la conducta.

Agresividad redirigida

Se observa este comportamiento en el perro que ha sido regañado por una conducta agresiva que su dueño considera inaceptable, como por ejemplo, gruñir a una visita o asustar al cartero. Inmediatamente después de haber sido regañado, el perro persigue al gato o a un miembro de la familia.

Lo más importante para tratar este tipo de agresividad es intentar descubrir lo que provoca el comportamiento reprobable. Si el perro muerde al gato cada vez que se le ordena que deje de perseguir al cartero, entonces lo mejor es que el perro aprenda que no debe hostigar al cartero, lo que implica iniciar un proceso de desensibilización hacia la llegada de éste.

Agresión idiopática

«Idiopático» significa de causa desconocida. Algunos perros pueden, sin razón aparente y de forma brusca, tener estallidos de violencia. En tales casos, el perro echa espuma por la boca y resulta imposible distraer su atención o acercarse a él. Es muy probable que una enfermedad mental sea la base de este comportamiento, por lo que es muy difícil saber como tratar esta situación. Lo más apropiado sería mantener al perro encerrado cuando tenga estos estallidos violentos, e incluso es posible que sea preciso sedarlo. En algunos casos, el veterinario podría recomendar realizar una eutanasia.

ARRIBA: La agresividad predatoria puede ser controlada con un adiestramiento de obediencia.
FOTO SUPERIOR: La agresividad entre perros durante el paseo es un problema habitual, cuya base podría ser una enfermedad mental.

Para prevenir la agresividad idiopática: Este comportamiento es impredecible y no existe un estímulo aparente, por lo que resulta imposible prevenir. Afortunadamente, es una situación que raramente ocurre.

Agresividad hacia otros perros

Esto suele ser un problema durante los paseos, cuando dos perros, con o sin correa, se encuentran e inician una pelea. Un perro agresivo desafiará a cualquier otro que se le cruce en su camino, independientemente de la edad, sexo o tamaño del oponente.

Si el otro perro resulta ser sumiso, la situación se relativizará. Si no lo es, o, en algunos casos, a pesar de que dé muestras de un comportamiento sumiso, puede tener lugar un enfrentamiento serio de agresividad.

Esto asusta a los dueños y a menudo los perros resultan heridos. No es nada divertido pasear a un perro que es constante y abiertamente violento con cualquier otro que se cruce en su camino. Se trata de un comportamiento anormal que puede ser motivado por un estado de ansiedad y la falta de algunos componentes químicos en el cerebro.

La castración puede ser útil cuando se trata de perros machos, ya que aunque no soluciona por sí sola el problema, ayuda a disminuir las reacciones violentas del animal.

Es más seguro colocar un ronzal a un perro agresivo (ver p. 62, *El adiestramiento de su perro*) para poder controlar la cabeza del perro. Cuando otro perro se acerque, haga que su perro gire la cabeza, de forma que sea obligado a adoptar una postura de sumisión que le obligue a dejar el cuello expuesto, lo que evitará una reacción violenta.

Existen programas de desensibilización para modificar este comportamiento. Se trabaja con un grupo de perros, ordenando a los agresivos que se relajen y concentren su atención en sus dueños. Solicite al veterinario que le recomiende un experto en comportamiento animal que pueda ayudarle. Es posible que su perro necesite medicación.

Para prevenir la agresividad hacia otros perros:

- En los machos, la castración puede reducir el nivel de agresividad.
- Una socialización apropiada desde la primera edad del perro puede ser de ayuda. Los perros que con regularidad se han socializado positivamente con otros perros a lo largo de la primera edad y posterior etapa son menos proclives a mostrar agresividad hacia otros perros.

Agresividad entre los perros de la misma casa

Los perros que viven en una misma casa necesitan establecer una jerarquía o, lo que es lo mismo, determinar cuál es el dominante. Los problemas suelen aparecer cuando el cachorro llega a la edad de madurez social, entre los dieciocho meses y los dos años de edad (la edad equivalente a la primera juventud en los humanos). Llegado a esta edad, empezará a desafiar al perro adulto. Por ejemplo, podría intentar robarle el lugar preferido para dormir o su juguete favorito. Las peleas empezarán si el perro adulto no cede.

Es importante discernir cuál de los perros sería el ganador si se diera un enfrentamiento. Si el perro mayor,

FOTO SUPERIOR: Este tipo de comportamiento es una señal de que todo va bien porque nada apunta a que se desate la agresividad entre estos perros. Las glándulas anales aportan información acerca del estatus social y sexual del perro.

que se ha debilitado, pudiese ser el perdedor, será preciso que reafirme la postura dominante del más joven, aunque pueda parecerle que está traicionando a un viejo amigo. Para conseguir este propósito, dé de comer al joven antes, permítale el acceso a zonas preferentes y préstele atención antes que al perro adulto. Si el perro adulto aún es fuerte, grande y con posibilidades de ganar una pelea, reafirme su estatus de dominante, según las tácticas descritas.

Hasta que este problema no se resuelva, no habrá paz en la casa. En aquellas situaciones en que los dos perros se encuentren en una situación equitativa, podría ser preciso buscar otra casa para uno de ellos porque, de lo contrario, estarán peleando constantemente. Consulte al experto en comportamiento animal.

Hasta que la jerarquía no se haya establecido, es conveniente no dejar nunca solos a los dos perros, ya que durante esta etapa las peleas pueden ser muy violentas.

Para prevenir las agresiones entre dos perros en la misma casa: Si su decisión es tener un segundo perro:

○ Consiga un perro del otro sexo para el primero.
○ Evite que los dos perros estén solos en un espacio cerrado.
○ Evite dar huesos o galletas a uno en presencia del otro.

Ladrar

Ladrar es, probablemente, el comportamiento peor tolerado, especialmente en las áreas urbanas. Algunas razas son más propensas a ladrar que otras. Los Terriers, por ejemplo, ladran ante la menor provocación; mientras que el Husky siberiano raramente ladra y el Basenji sólo aúlla. Ladrar es un medio de comunicación natural entre los caninos. Sin embargo, el que un perro ladre excesivamente puede convertirse en un grave problema.

Existen variadas y diferentes causas por las que un perro ladra en exceso, por lo que es importante definir la causa exacta. El tono y el modo de ladrar revelan algunas pistas para conocer el motivo. El perro que empieza a ladrar tan pronto como su dueño abandona la casa y sigue con un ladrido monótono durante todo el tiempo que dura la ausencia podría sufrir de ansiedad por separación (ver p. 76).

Algunos perros ladran esporádicamente a lo largo del día. Esto suele responder a la presencia de algún estímulo como puede ser los movimientos de los vecinos, la llegada del cartero, pájaros cantando en las proximidades o bien la cercanía de otro perro.

Algunos perros ladran nerviosa y estridentemente cuando sus dueños regresan a casa. Esto sólo representaría un problema si los vecinos se quejaran, puesto que estos ladridos no suelen ser síntoma de ninguna anomalía en la conducta del perro.

ARRIBA: Entre los perros de una misma casa suelen darse los desafíos, generalmente expresados con una postura específica. Es importante que usted apoye al perro que tenga más posibilidades de ganar; de lo contrario, no habrá paz en la casa.

Si su perro ladra durante su ausencia y los vecinos se quejan por ello, intente obtener su ayuda para poder corregir el problema. Pídales que anoten las horas en que el perro ladra, así como el tiempo durante el que lo hace. Si el perro ladra sin cesar hasta que usted regresa a casa, es señal de que sufre un cuadro de ansiedad por separación. Este es un problema grave y será preciso contar con la ayuda de un experto en comportamiento animal. Si el perro ladra cuando llega el cartero, por las entradas y salidas de los vecinos o cuando pasa alguien cerca, coloque juguetes y facilítele una zona de descanso con variados estímulos que puedan concentrar su atención. Antes de dejar solo al perro, asegúrese de haberle proporcionado una intensa sesión de ejercicio o juegos. Si está cansado, es muy posible que se quede relajado o durmiendo durante su ausencia.

Los perros que ladran aunque sus dueños estén en casa necesitan ser adiestrados para que aprendan a estar tranquilos. Con estos perros, es posible «desensibilizarlos» respecto de estímulos como un timbre o el cartero.

Existen ayudas para el adiestramiento como son los collares que disponen de una solución de citronella que rocía la cara del perro cuando empieza a ladrar. Estos collares pueden ser prácticos con algunos animales (ver p. 62, *El adiestramiento de su perro*).

Para prevenir el problema de los ladridos:

○ Adiestre a su cachorro con la orden «tranquilo» (ver p. 58, *Adiestramiento*).
○ Exponga a su cachorro o perro a distintos escenarios y sonidos, tantas veces como sea posible y prémielo por su comportamiento tranquilo.
○ Cuando su perro o cachorro se muestre muy nervioso o ladre, redirija su comportamiento ordenándole que se siente o tumbe para obtener un premio. Intente que el animal concentre su atención sólo en usted y la golosina que le tiene reservada, de forma que acabe por ignorar el estímulo que motiva el ladrido.

Comportamiento destructivo

El comportamiento destructivo es mucho más habitual en perros jóvenes. Los cachorros necesitan mordisquear, especialmente durante la etapa de dentición, para calmar el escozor y resquemor de las encías. También es una forma de explorar e investigar el mundo. Los perros viejos también pueden ser destructivos. Este comportamiento puede darse durante los juegos o cuando el perro está solo. En este último caso, podría deberse a la ansiedad por separación (ver p. 76).

Los cachorros pueden llegar a ser muy destructivos si no se les educa correctamente. Cuando su cachorro empiece a

ARRIBA: Los cachorros también muestran agresividad entre ellos, al igual que ocurre con los adultos.

Escarbar

Los perros escarban para enterrar un juguete o un hueso, para sacar al exterior algo que han descubierto por el olfato o que han enterrado antes, para hacer un agujero en el que resguardarse del calor o del frío o, sencillamente, para jugar. La arena es un material ideal para jugar porque se mueve y cambia. También podría ser que escarbaran debajo de un cercado para escapar.

Escarbar puede ser un problema si el perro lo hace en tierra recién plantada o abonada, o bien si quiere escarbar un túnel por debajo de un cercado para escapar.

Si el perro no puede dejar de escarbar y resulta imposible distraerlo de tal actividad, podría sufrir un desorden obsesivo compulsivo (ver p. 77). En este caso, es preciso que sea tratado por un experto en comportamiento animal.

Si su perro escarba en zonas prohibidas, rediríjalo para que lo haga en su propia zona; por ejemplo, un rincón apartado del jardín.

Si el perro persiste en escarbar en una zona prohibida, puede usted optar por enterrar globos hinchados o colocar trampas especialmente diseñadas para adiestramiento. Estas trampas son de plástico y similares a las que se usan para cazar ratones. Cuando el perro llega escarbando hasta la trampa, esta se abre de repente, produciendo un chasquido que asusta al cachorro.

Escarbar bajo los cercados puede prevenirse mediante la electrificación mediante pilas de la cerca. (Compruebe si su ayuntamiento permite su utilización.)

Para prevenir que el perro escarbe:

- Facilite a su perro mucho ejercicio y juegos para distraerse.
- Redirija el comportamiento hacia otro juego.
- Proporciónele huesos con los que jugar en una zona cerrada y en donde sea imposible enterrarlos.

Hacer las necesidades en la casa

Esto es más habitual entre los cachorros con los que aún se realiza el adiestramiento para que hagan sus necesidades en la casa. También es posible que ocurra entre los perros adultos por varias causas.

Si un perro adulto empieza a hacer sus necesidades en la casa, llévelo a un chequeo médico, ya que la base podría ser

mordisquear los muebles y las puertas, dígale «no» con firmeza y proporciónele uno de sus juguetes para que lo muerda. Siempre que el cachorro mordisquée uno de sus juguetes, felicítelo.

Si el perro persiste, utilice una pistola de agua. Arroje un chorro de agua en la cara del cachorro cada vez que empiece a mordisquear. No le diga nada. Es mejor que el cachorro asocie el acontecimiento desagradable con el objeto y no con usted.

También puede utilizar las pistolas de agua con los perros adultos. Otra posibilidad es aplicar una sustancia repelente, como limón, en los objetos que pueda mordisquear.

Para prevenir el comportamiento destructivo:

- Adiestre a su cachorro para que mordisquée sus juguetes.
- No deje que un cachorro o un perro recién llegado a la casa puedan tener libre acceso a los muebles. Si han de estar solos, déjelos en un trastero con muchos juguetes o huesos.

FOTO SUPERIOR: El comportamiento destructivo es muy difícil de corregir, ya que suele ocurrir cuando el perro está solo y nadie puede intervenir. Puede llegar a ser obsesivo y resultar muy costoso.

un problema como cistitis (infección de la vejiga) o enteritis (infección intestinal). Si el perro es viejo, el problema podría ser un mal control de la vejiga o el intestino, o quizás debido a la senilidad.

Si el perro hace sus necesidades en la casa sólo cuando está solo, podría ser porque sufre de ansiedad por separación (ver p. 76). Para este caso es necesaria la ayuda de un experto en comportamiento animal. Otras posibilidades incluyen el marcar el territorio o expresar la reafirmación de perro dominante, o bien simplemente una costumbre adquirida en un albergue o perrera.

El nerviosismo extremo o una respuesta abiertamente sumisa dispara la eliminación de orina. Esto puede ocurrir cuando el dueño regresa a casa o al llegar una visita. En estos casos, el perro no es consciente de que está orinando. La mayoría pueden superar el estímulo que les hace orinar a medida que recuperan el control de la vejiga. Sin embargo, si la eliminación de orina se debe a una expresión de sumisión, será preciso tratamiento.

Si ocurre con un perro macho, podría deberse a que está marcando su territorio y reafirmando su rol dominante frente a las personas u otros perros de la casa. Esto suele ocurrir cuando llega un nuevo miembro de la familia o alguien que estará en casa durante un tiempo.

La esterilización puede reducir en un 75% este comportamiento. También podría ser preciso un adiestramiento específico. Se deberán restringir las zonas a las que el perro tiene acceso y tenerlo siempre bajo vigilancia cuando esté dentro de la casa. Cuando dé señales de querer marcar el

territorio, se le debe asustar con un chorro de agua lanzado con una pistola de agua y después llevarlo fuera de la casa.

Al igual que con el adiestramiento de los cachorros, es importante llevar de paseo a estos perros con cierta frecuencia y alabarlos siempre que hagan sus necesidades. Si se trata de un perro macho adulto, necesitará un largo paseo para poder eliminar toda la orina en varias micciones. Esto también ayuda a que disminuyan las probabilidades de marcar el territorio en zonas de la casa.

Si se trata de un grupo de perros, el riesgo de evacuaciones es mayor. En estos casos, los machos y hembras necesitan marcar más el territorio e incluso podrían defecar en la casa. Es más cómodo mantener a un grupo de perros en una zona exterior y restringir su acceso a unas pocas zonas de la casa.

Los perros que se han criado en albergues suelen hacer sus necesidades dentro de la casa. Esto se debe a que han aprendido a evacuar en superficies duras, por lo que asocian el suelo de la casa con una superficie de cemento o arena. Estos perros necesitan un readiestramiento y suele ser difícil modificar su preferencia de sustrato; por ejemplo, acostumbrarse a evacuar en la hierba o la tierra en lugar de hacerlo en superficies duras o la alfombra, se aprende a una edad muy temprana (a las siete u ocho semanas). El readiestramiento se lleva a cabo de la misma forma en que lo haría con un cachorro.

En particular, los perros sumisos pueden orinar cuando alguien se acerca a ellos. Esta es una respuesta típicamente canina al encontrarse con un animal dominante que puede llegar a ser un verdadero problema. Algunos de estos perros asumen una postura de sumisión, por lo que empiezan a orinar sólo con que alguien los mire directamente.

Una posibilidad de adiestramiento para cambiar el comportamiento de estos perros puede ser el premiarlos por una postura menos sumisa como puede ser sentarse y mirar directamente a su dueño. Si el perro se mueve u orina, lo ignoraremos.

Para prevenir que el perro evacue en la casa:

- Adiestre con firmeza al cachorro.
- Facilite los ratos de ejercicio y acceso al exterior, especialmente para los machos que no han sido castrados.

ARRIBA: Aunque para un perro es perfectamente normal escarbar y hacer agujeros, no es muy probable que esto lo apruebe su dueño; especialmente si a este le gusta cuidar de su jardín.

Estos perros se sienten extremadamente angustiados cuando están solos. Para ellos, es preciso un tratamiento que suele combinar la medicación con ansiolíticos y un programa de modificación de comportamiento. Este programa consiste en una serie de ejercicios diarios para los perros y los dueños que intentan enseñar al perro a relajarse cuando su dueño abandona la habitación y posteriormente después la casa.

Para prevenir la ansiedad debida a la separación:

○ Enseñe a su cachorro a pasar ratos solo.
○ Evite que el perro se acostumbre a estar sólo con un miembro de la familia. Enséñelo a que se encuentre cómodo con cualquier miembro de la casa.
○ Altere la rutina diaria. Cambie la hora de la ducha por la de la comida. Póngase los zapatos y el abrigo y siéntese a tomar una taza de café.
○ Réstele importancia al hecho de salir o regresar a la casa.
○ Proporcione cantidad de ejercicio a su perro antes de salir y dejarlo solo en casa.

○ Permita que el perro se tome su tiempo para acostumbrase a las personas nuevas en la casa.
○ Mantenga a los grupos de perros en las zonas de exterior.

Ansiedad por separación

Este término se utiliza para referirse al comportamiento de algunos perros cuando están solos en casa o cuando están separados de un miembro específico de la familia.

Estos perros empiezan a ladrar desde el momento en que se quedan solos y no dejan de hacerlo hasta que regresa su dueño. Puede que mordisquen la puerta, hagan jirones las cortinas y alfombras, destrocen los muebles y orinen y defequen dentro de la casa. En casos extremos, han saltado por encima de las ventanas.

Esta actitud podría ser hereditaria. Es interesante comprobar que existe una alta incidencia de ansiedad por separación entre los perros que han salido de perreras. No resulta claro saber si tal actitud está relacionada con el trauma de haber sido abandonados o bien si han sido abandonados porque sus dueños no pudieron hacer frente a este comportamiento de ansiedad por separación.

FOTO SUPERIOR: Su perro depende de usted, el líder de la manada, para obtener comodidad, compañía y comida. La mayoría de los perros aprenden fácilmente a asumir la ausencia de sus dueños durante el día. Son raros los casos en que puede desarrollarse la ansiedad por separación.

Desorden obsesivo compulsivo

Este es un rasgo de comportamiento que no se da con mucha frecuencia, pero que puede llegar a interferir en la rutina diaria, llegando a convertirse en una verdadera molestia. Ejemplos de este comportamiento incluyen el escarbar, intentar cazar moscas imaginarias con la boca, correr a lo largo de un cercado, mordisquear las propias patas y que el animal persiga sombras o su propia cola.

Es muy difícil distraer de su actividad a los perros con este desorden compulsivo. Cuando se les convence para que paren, sólo lo hacen durante un corto período de tiempo para reiniciar enseguida la misma actividad. Algunos perros se podrían mostrar agresivos hacia la persona que intentara que abandonaran esta actividad, e incluso para otros, se hará imposible abandonarla por completo para poder comer o pasear. En algunos casos de extrema severidad, algunos perros llegan a autolesionarse. Los perros que escarban de forma compulsiva pueden hacerlo hasta que las patas les sangran y se les rompen las uñas. Los que persiguen y mordiscan su propia cola pueden autolesionarse la piel o crearse infecciones secundarias.

Parece que este proceder es hereditario, por lo que es más sensato no hacer criar a los animales que se muestren afectados. Las razas con cierta predisposición son el Terrier escocés, Bull Terrier (se persigue la cola) y King Charles Spaniel (caza moscas).

Los animales con este desorden compulsivo tienen deficiencia de ciertos componentes químicos en el cerebro, por lo que precisan ayuda profesional. Se requiere medicación y una modificación del comportamiento específicamente diseñada para redirigir el centro de atención y ayudarlos a que se relajen. En algunos casos, pueden necesitar medicación durante toda la vida.

Para prevenir el desorden obsesivo compulsivo: Es imposible prevenirlo cuando se trata de individuos con predisposición genética.

Escaparse

Algunos perros siempre intentan escaparse para ir de exploración. Este comportamiento puede resultar frustrante para los dueños y peligroso para los perros.

Si su perro es un artista de las escapadas, es importante que considere la posibilidad de vallar su propiedad. Asegúrese de que la valla tiene una altura de al menos dos o tres metros; en el caso de que el perro también escarbe, hunda parte de la valla, un metro aproximadamente, en el suelo. También podría utilizar una barrera sónica que emita un sonido de alta frecuencia en intervalos regulares. Otra opción es construir una estaca con una base de cemento y techo en donde poder atar al perro cuando usted esté fuera o demasiado ocupado para jugar con él.

Es importante que su perro tenga cantidad de ejercicio y juegos cada día. Si el perro se siente interesado en algo que usted esté haciendo, será menos probable que se escape. Si su perro tiene suficiente ejercicio diario, probablemente se relajará o dormirá sin dificultad mientras usted esté haciendo algo aburrido o bien tenga que quedarse solo en casa.

Los perros machos pueden escaparse durante la época de celo para ir en busca de hembras. La castración (ver p. 37, *Esterilización*) es útil para este problema.

ARRIBA Y PÁGINA ANTERIOR: A pesar de que resulta cómico ver como un perro persigue su propia cola, este «juego» puede convertirse en una obsesión, especialmente en aquellos perros que están solos con frecuencia.

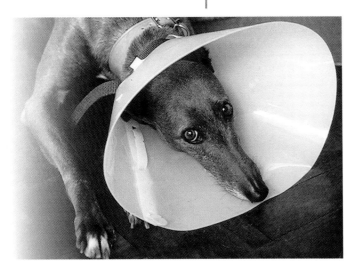

PROTEJA LA SALUD DE SU PERRO
La clínica veterinaria

Para mantenerse sano y en forma, su perro necesita de unos cuidados sanitarios regulares. Algunos se los puede facilitar usted mismo, otros serán proporcionados por la clínica veterinaria.

Las clínicas veterinarias no son sólo el lugar a donde llevar a su perro para el tratamiento de una enfermedad. Los veterinarios y sus asistentes cualificados resultan una inestimable fuente de valiosos consejos e información práctica.

La mayoría de las clínicas veterinarias son un inapreciable centro de recursos, debido a la información que facilitan acerca de las residencias caninas locales, peluqueros y servicios de canguro para perros, por ejemplo. Muchas de estas clínicas disponen de tablones públicos en los que los clientes pueden colgar información variada.

Los progresos de la ciencia veterinaria, particularmente durante la última década, han sido extraordinarios. Además de las radiografías (pruebas con rayos X) y los análisis regulares de sangre, otros modernos medios de diagnóstico incluyen las ecografías (técnicas de exploración mediante las ondas electromagnéticas o acústicas), formación de imágenes por Resonancia Magnética (RM) y Tomografía Asistida Computerizada (TAC). Otras especialidades de la veterinaria son:

- Anestesia.
- Ortopedia.
- Oftalmología.
- Endocrinología.
- Dermatología.

- Comportamiento animal.
- Odontología.
- Medicina.
- Cirugía.
- Radiología.
- Diagnósticos por imagen.

Ciertos métodos de diagnosis y terapia, algunos antiguos, otros más novedosos, son actualmente contemplados como parte de un acercamiento integral al cuidado sanitario de los animales. En conjunto, conocidos como Medicina Veterinaria Complementaria (o Medicina Complementaria y Alternativa), muchos de estos métodos llevan años usándose en la medicina para personas, aunque su integración en la práctica veterinaria sea comparativamente reciente.

Por ejemplo, en la actualidad algunos veterinarios están especializados en acupuntura veterinaria y acuterapia (examen y estimulación de puntos específicos del cuerpo del animal mediante el uso de agujas de acupuntura, inyecciones, láser de baja intensidad, imanes y una variedad de otras técnicas para la diagnosis y el tratamiento), quiropráctica veterinaria (examen, diagnosis y tratamiento mediante la manipulación de articulaciones específicas, especialmente las vertebrales y de la zona craneal). Terapia veterinaria mediante masajes, homeopatía, medicina botánica, terapia nutricional e incluso la utilización de esencias florales (disoluciones de ciertos extractos florales).

FOTO SUPERIOR: Un collar ortopédico (collar isabelino) hecho de papel o plástico rígido para evitar que el perro se rasque o lama las heridas de las orejas, lo que podría ser causa de infecciones secundarias.

El sistema inmunitario

El cuerpo del animal, al igual que el de los humanos, dispone de mecanismos de defensa que lo protegen de los microorganismos existentes en el entorno.

Barreras primarias

o Una piel sana actúa de barrera física.

o Las membranas de la nariz, tráquea y bronquios evitan el paso de sustancias extrañas a los pulmones.

o Los ácidos del estómago destruyen muchos de los organismos invasores.

o Las mucosas que produce el revestimiento interno de los intestinos actúan de barrera.

o El hígado destruye las toxinas producidas por las bacterias.

o Diversos organismos son expelidos con las heces y la orina.

Estos mecanismos de defensa funcionan perfectamente cuando el animal está sano, pero son menos efectivos si el perro está débil, no goza de buena salud o se encuentra mental o físicamente estresado.

La mayoría de los organismos causantes de las enfermedades son proteínas. Cuando un organismo atraviesa alguna de las barreras primarias, el cuerpo detecta la presencia de proteínas «extrañas» y produce anticuerpos para contrarrestarlas. Los anticuerpos son producidos por las células especializadas de los glóbulos blancos que se encuentran, en su mayoría, en el sistema linfático y bazo. Estos anticuerpos circulan por la sangre y su función suele ser altamente específica, por lo que sólo destruyen el organismo (antígeno) que haya estimulado su producción.

Cuando el perro contrae una enfermedad, proveniente del entorno o de una vacunación específica, el organismo puede tardar hasta diez días en iniciar la producción de anticuerpos. Si esa enfermedad es contraída por segunda

ARRIBA: Algunos perros pueden experimentar miedo hacia las clínicas veterinarias. Si esto ocurriera, pida al veterinario y enfermeros que alaben y den golosinas o trocitos de comida a su perro.

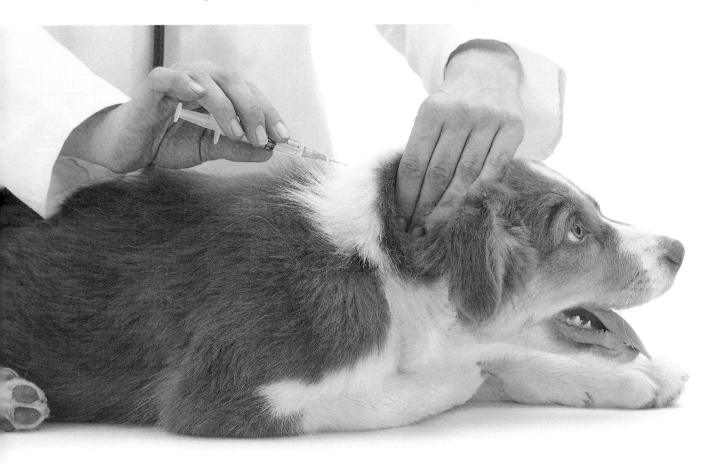

vez, la producción de los anticuerpos se inicia con mayor celeridad para prevenir el asentamiento de esta.

Los niveles de anticuerpos disminuyen con el tiempo, pero si el antígeno aparece de nuevo, sea por infección o vacuna de recuerdo, se reanuda de forma inmediata la producción de anticuerpos. La inmunidad originada mediante una vacuna no suele ser tan duradera como la «inmunidad natural» originada por la exposición a una enfermedad. Esto explica la necesidad de las vacunas de recuerdo para proteger al animal.

Inmunidad pasiva materna

La inmunidad pasiva tiene lugar cuando el recién nacido recibe los anticuerpos a través de la madre.

Los animales recién nacidos tienen un rudimentario sistema inmunológico que tardará entre seis y doce semanas para desarrollarse completamente. Como protección para este período, adquieren la inmunidad pasiva al recibir los anticuerpos de la madre, algunos de los cuales adquiridos cuando aún están en el útero materno, aunque la mayoría de ellos los reciben del calostro de la madre (primera leche). Este es un período crítico para el recién nacido, puesto que sólo podrá recibir estos anticuerpos durante el primero y segundo día después de nacer. Si el período de lactancia es prolongado o la madre ha tenido una camada numerosa, los primeros cachorros en nacer tendrán más oportunidades para ingerir el calostro que aquellos que hayan nacido más tarde, lo que hace que el grado de inmunidad pasiva varíe entre los cachorros de la camada.

La madre sólo puede transmitir los anticuerpos de aquellas enfermedades que ella haya contraído o contra las que haya sido vacunada. Si la madre no ha sido vacunada o bien vive aislada de otros perros, tendrá menos anticuerpos para transmitir, por lo que sus cachorros serán más vulnerables. Si

FOTO SUPERIOR Y PÁGINA SIGUIENTE: Las vacunas pueden suministrarse mediante inyección o vacuna intranasal (gotas introducidas en el hocico). El veterinario le aconsejará acerca del tipo de vacuna que su perro necesita.

se quiere utilizar a una hembra para crianza, debe ser vacunada, además de llevar al día las vacunas de recuerdo.

La inmunidad pasiva es temporal: la cantidad de anticuerpos en la sangre se reduce a la mitad a los siete días, y después de tres meses casi ha desaparecido.

Inmunidad activa

La inmunidad activa tiene lugar cuando el sistema inmunológico del perro produce los anticuerpos necesarios como reacción a las enfermedades o vacunas.

Para que puedan estar protegidos, los cachorros deberán desarrollar su propia inmunidad activa mediante el contacto con la enfermedad o la vacunación.

Mientras la inmunidad pasiva aún es efectiva, el cachorro está protegido contra las enfermedades, por lo que su propio sistema inmunológico no reaccionará frente a las vacunas. No obstante, algunos tipos de vacunas están diseñados para ignorar la inmunidad pasiva y estimular el propio sistema inmunológico del cachorro.

Algunos cachorros pueden perder su inmunidad pasiva antes de los tres meses, siendo este un factor de riesgo en el caso de estar expuestos a un virus antes de haber sido vacunados.

La recomendación habitual para el cachorro de una hembra que haya recibido las vacunas adecuadas es que este sea vacunado dos veces: la primera a las nueve semanas de edad y la otra a los tres meses. En zonas de riesgo, las vacunas deberán empezar a las seis semanas y repetirse cada catorce días hasta los tres meses de edad. Consulte al veterinario para que le aconseje acerca de las circunstancias específicas de su zona.

Las vacunas de su perro

Algunos de los cachorros que a las seis semanas de edad aún están con el criador ya habrán sido vacunados contra el distemper, la hepatitis y el parvovirus canino. A las nueve semanas, su cachorro ha de haber sido vacunado contra el distemper canino, la hepatitis infecciosa canina, el parvovirus canino y la «tos de las perreras». Dependiendo de la zona en la que viva, serán necesarias también vacunas contra otras enfermedades como la leptospirosis o la rabia.

Serán precisas las vacunas de recuerdo pasadas tres semanas.

Existen muchos tipos de vacuna. Algunas efectivas contra varias enfermedades, lo cual reduce el número de inyecciones. El veterinario le indicará qué vacunas son las más convenientes para su perro.

Distemper canino

Es la primera enfermedad vírica para la que se desarrolló una vacuna específica. El virus del distemper también afecta al hurón, zorro, eslizón, mapache y lobo. El distemper había sido una enfermedad mortal, aunque ahora se ha casi erradicado en muchos países gracias a los programas de vacunaciones periódicas a largo plazo. En un principio, solía atacar a los animales jóvenes, pero actualmente también puede afectar a los adultos si no reciben las vacunas y recuerdos apropiadas.

Los primeros síntomas incluyen la pérdida del apetito seguido de una infección respiratoria acompañada de irritación de la garganta, tos, fiebre y secreción purulenta, de color pajizo y espesa de los ojos y nariz. También puede presentarse enteritis y diarrea.

En algunos perros, la enfermedad puede avanzar durante las primeras dos o tres semanas de forma que infecte al sistema nervioso, lo que causa temblores musculares, convulsiones e incluso parálisis. Los perros que logran recuperarse podrían acusar lesiones crónicas del sistema nervioso. Si la infección sobreviene

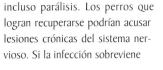

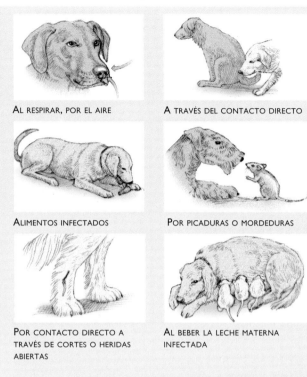

AL RESPIRAR, POR EL AIRE

A TRAVÉS DEL CONTACTO DIRECTO

ALIMENTOS INFECTADOS

POR PICADURAS O MORDEDURAS

POR CONTACTO DIRECTO A TRAVÉS DE CORTES O HERIDAS ABIERTAS

AL BEBER LA LECHE MATERNA INFECTADA

Puesto que los virus pueden transmitirse de muchas formas, no siempre es fácil saber cómo el perro puede haber contraído la enfermedad

cuando el perro es cachorro, una vez recuperado puede sufrir secuelas en forma de malformaciones en el esmalte de los dientes que se estaban desarrollando cuando contrajo la enfermedad. Algunos perros desarrollan una carnosidad exagerada en las almohadillas o plantas de las patas, de ahí proviene el otro nombre con que se denomina a esta enfermedad: «almohadilladura».

Infección por parvovirus canino

Esta enfermedad es similar a la enteritis felina de los gatos, de la cual se cree que podría ser una mutación. Apareció por primera vez a finales de los setenta y se difundió rápidamente por el mundo. Se transmite entre los perros por contacto de las heces y resulta un virus muy fácil de transmitir a través del pelaje o patas de los perros infectados, por jaulas contaminadas, así como las ropas y calzado que hayan estado en contacto con el germen de la enfermedad. Se trata de un virus que puede sobrevivir por largos perío-

dos, además de ser muy resistente a condiciones externas adversas.

En los cachorros jóvenes, esta enfermedad causa inflamación del músculo del corazón (miocarditis), lo que suele desembocar en muerte súbita y una elevada tasa de mortandad entre las camadas. Los cachorros que sobreviven a la enfermedad pueden necesitar semanas para recuperarse. En cachorros no tan jóvenes y perros adultos es causante de fiebre, enteritis (acompañada de diarrea y vómitos) y una tasa de mortandad del 10% de los afectados.

Hepatitis infecciosa canina

Esta infección vírica suele atacar sobre todo a los perros jóvenes, se trata de una enfermedad altamente infecciosa que puede causar serias lesiones en el hígado. Muchos de los perros infectados no muestran síntomas evidentes, o sencillamente una palidez persistente. En ambos casos, el virus expelido a través de la orina se transmite entre los perros sanos.

Los síntomas pueden variar desde una ligera fiebre hasta enfermedad grave, seguida de muerte transcurridas algunas horas. Los perros infectados pierden el apetito, se muestran muy sedientos, tienen secreciones de los ojos y la nariz y podrían sufrir diarrea sanguinolenta. Sólo se puede albergar esperanzas de recuperación si el perro recibe tratamiento en el primer estadio de la enfermedad. En algunos de los que superan la enfermedad se observa una opacidad de la córnea ocular que da una apariencia azulada al ojo.

Tos de las perreras

Esta enfermedad de carácter leve puede afectar a perros de cualquier edad y es debida a la combinación de varios agentes infecciosos, que pueden incluir las bacterias *Bordetella bronchiseptica* y el virus de *Parainfluenza canina*. La inflamación de la tráquea y los bronquios causa varios grados de tos seca, a veces acompañada de náuseas y afonía.

La tos de las perreras es altamente contagiosa y se transmite a través de las gotas que el animal infectado expele al toser; este es el motivo por el que se transmite con gran rapidez entre los perros que están en espacios cerrados, como pueden ser las perreras (de ahí el nombre que se le da a esta enfermedad), hospitales y tiendas de animales. La época crítica de esta infección es el verano, cuando muchos perros son llevados a residencias caninas. La tos de las perreras es más una molestia que un riesgo para la vida, pero la tos seca que la caracteriza puede persistir hasta tres semanas, lo cual causa gran angustia al perro y al dueño. La tos de las perreras suele agravarse si el perro acusa nerviosidad.

Existen vacunas que se administran trimestralmente mediante inyección o vacuna intranasal.

La mayoría de las residencias caninas no aceptarán a un perro que no haya sido vacunado recientemente.

Leptospirosis

En muchos países, incluido el Reino Unido, esta es otra de las enfermedades contra la que los perros deben ser vacunados periódicamente. Existen muchos tipos de agentes etiológicos (serovars), como las bacterias de *Leptospira*, transmitidos todos ellos a través de la orina infectada. Estas bacterias también pueden afectar a los humanos. Los síntomas de la infección dependen del agente etiológico implicado. Por ejemplo, la *Leptospira canicola* ataca a los riñones y frecuentemente desemboca en una enfermedad renal crónica. En los casos leves, el perro sencillamente adquiere una palidez característica durante varios días. En los casos graves, los signos incluyen letargo, mal aliento (causado por uremia o acumulación de urea en la sangre), úlceras en la boca y vómitos. En casos en que la enfermedad se encuentra avanzada, aparece dolor abdominal agudo. El tratamiento incluye antibióticos y terapia para reemplazar los fluidos. En los perros que se recuperan aparecen secuelas en el riñón que contribuyen a la aparición posterior de enfermedad renal crónica.

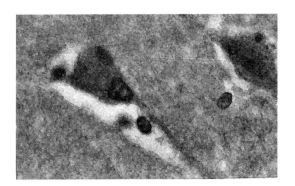

Leptospira ichterohaemorrhagiae, a menudo transmitida por las ratas, afecta al hígado y es causa de serias lesiones. En casos severos, la muerte puede acaecer al poco tiempo. Las señales incluyen letargo, vómitos, diarrea sanguinolenta e ictericia. Es fundamental el tratamiento rápido con antibióticos para reemplazar los fluidos.

Rabia

En los países en que este virus es endémico, los perros deben ser vacunados periódicamente. La rabia puede afectar a cualquier mamífero y casi siempre es letal. Se transmite a través de la saliva de los animales infectados, que generalmente han sido mordidos por otro animal infectado, pudiéndose transmitir también mediante la saliva en contacto directo con las mucosas de las membranas (ojos, nariz o boca) o bien el contacto con una herida.

En Europa, el zorro es el portador más importante de esta enfermedad; en México y otros países de Latinoamérica o de Centroamérica, los portadores son los perros. En Canadá y los Estados Unidos, los causantes de la transmisión más comunes —zorros, hurones, murciélagos, mapaches y coyotes— a menudo viven cerca de las personas. Esta proximidad supone un peligro continuo de infección para los animales de granja, mascotas y personas.

El período de incubación puede oscilar entre dos semanas y seis meses. En sus estadios iniciales, la rabia suele causar trastornos de personalidad y de carácter —como por ejemplo, el que animales nocturnos se dejen ver durante el día, animales salvajes pueden perder su temor hacia los humanos, e incluso que animales pacíficos se alteren o se vuelvan agresivos. Los perros afectados de rabia tienden a protegerse de la luz.

A medida que la enfermedad avanza, en torno al 25% de los perros afectados dan muestras de una agresividad feroz y son muy proclives a atacar a otros animales o humanos

Salud humana y leptospirosis

La leptospirosis es sólo una de las enfermedades del perro que puede afectar a los humanos. Siempre hay que tener en cuenta las necesidades de higiene existentes. Asegúrese de que todos los miembros de su familia (en especial los niños) se laven las manos después de haber tocado a un perro. Si tiene que tocar un perro con leptospirosis, lleve guantes de goma.

ARRIBA: En esta visión microscópica del cerebro de un perro, los pequeños cuerpos rojos insertados en las células del cerebro son indicativos de la infección de la rabia.

sin que haya habido ninguna provocación previa. Los animales afectados que muestran esta expresión feroz de la rabia son extremadamente peligrosos. Pasados seis días de la aparición de los síntomas, el perro suele entrar en coma y morir.

Si no sobreviene la muerte pasados estos días, el perro desarrollará la apariencia llamada «salvaje», en que la parálisis de la garganta y los músculos de la mandíbula hacen imposible tragar, por lo que la saliva cae por la boca. Estos animales, que también entran en coma antes de morir, no suelen sobrevivir más de dos semanas.

Prevenciones: En ciertos países donde la rabia es endémica, la ley obliga a la vacunación de perros y gatos. Muchas de las islas donde la enfermedad no es endémica (como Hawai, Australia y Nueva Zelanda) aplican estrictas leyes de cuarentena para evitar la entrada de la enfermedad en el país. En Gran Bretaña, el PETS (Programa de viaje para animales de compañía) permite, bajo ciertas condiciones, la entrada de perros y gatos vacunados.

Precauciones: Si su perro ha peleado con un mamífero portador de la rabia, la saliva que transmite el virus podría estar presente en el pelaje o heridas. Tome las siguientes precauciones:

○ No intente capturar al animal atacante.
○ Extreme las precauciones al coger a su perro. Utilice siempre guantes y cubra al animal con una toalla.
○ Contacte con algún centro para el control de enfermedades animales u organización equivalente.
○ Lleve a su perro al veterinario.
○ Si su perro ha recibido la vacuna antirrábica, se le deberá suministrar una dosis de recuerdo antes de 72 horas (es obligatorio en los Estados Unidos).

En el caso de que un animal sospechoso de tener la rabia le haya mordido o arañado a usted, si la saliva del animal ha entrado en contacto con una herida, la nariz, los ojos o la boca, lave la zona afectada con jabón o detergente doméstico de buena calidad. Esto eliminará el virus mucho más rápidamente que cualquier desinfectante. Es fundamental

que usted reciba atención médica lo antes posible. El tratamiento implica un programa de vacunas.

Precauciones rutinarias en las zonas en donde existe la rabia:

○ Asegúrese de que su perro ha recibido la vacuna anual.
○ No permita que su animal salga libremente, sobre todo por la noche.
○ No toque o juegue con animales que no conozca sean de su confianza o no conozca.
○ No toque animales que parezcan enfermos, incluso aunque quiera ayudarles.
○ No dé de comer ni permita la entrada en su propiedad o jardín a animales salvajes.
○ No permita a los murciélagos que vivan en el desván o chimenea de la casa, no intente capturar a animales salvajes.
○ Avise de cualquier mordedura producida a su médico.
○ Dé aviso a un centro para el control de enfermedades animales si sospecha que existe algún animal contagiado en su propiedad o jardín.

FOTO SUPERIOR: Este perro mestizo o alano abandonado, de ocho semanas de edad presentaba un cuadro severo de parásitos intestinales cuando fue recogido. Después de seis semanas bajo tratamiento, se convirtió en un animal completamente distinto.

Parásitos

Los parásitos que atacan al perro se agrupan en parásitos internos (los que viven en el interior del cuerpo, como las lombrices) y los parásitos externos (los que viven en la epidermis o dermis, como las pulgas y garrapatas). La mayoría de los parásitos son específicos de un hospedador, lo que significa que sólo infectan a una especie animal. Sin embargo, existen excepciones como la pulga de los gatos y la garrapata de la oveja y ganado en general, que también pueden infectar al perro.

Lombrices

Existe una gran variedad de especies de estos parásitos que pueden afectar a los perros. Se clasifican según su forma y zona del cuerpo que infectan. Las más importantes en cuanto a los perros y, por consiguiente, para sus dueños, son las ascárides (gusano redondo), el anquilostoma, los tricuros, los céstodos o tenia (gusanos planos), el gusano del pulmón (filaria) y el gusano del corazón (filaria).

Ascárides: Las dos especies más comunes halladas en los perros son la *Toxocara canis* y la *Toxascaris leonina*.

La *Toxocara canis* es particularmente importante debido a su capacidad de infectar a los cachorros antes de nacer. En los músculos y otros tejidos de la madre infectada se alojan larvas de lombrices intestinales que permanecen aletargadas y que son muy resistentes a los tratamientos periódicos. Las hormonas producidas durante el embarazo estimulan la migración de estas larvas. Algunas se desplazan hasta el intestino para desarrollarse hasta llegar a ser lombrices adultas; otras migran hasta el útero y de ahí a los pulmones del feto. Después, muchas de las larvas serán expelidas con la leche materna.

El resultado es que casi todos los cachorros nacen infectados de lombrices intestinales y que todo cachorro está expuesto a contraer la infección desde el momento en que empieza la lactancia. Durante las semanas posteriores al nacimiento, también contraen la infección mediante la ingesta de huevos de lombrices que producen los especímenes adultos alojados en el intestino de la madre o bien mediante contacto con los presentes en las heces de la madre.

En un cachorro infectado, las larvas migran desde el recubrimiento intestinal interno y a través del hígado hasta llegar a los pulmones. Si existe un número elevado de larvas, el cachorro puede toser y sufrir problemas respiratorios que podrían degenerar en neumonía.

Desde los pulmones, algunas larvas se introducen en la circulación sanguínea para recorrer los músculos y otros tejidos corporales, donde formarán quistes que alojarán a larvas en estado de letargo. Otras larvas son expelidas mediante expectoraciones y tragadas por un nuevo animal

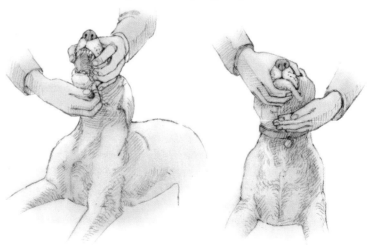

ARRIBA: La correcta forma de administrar pastillas a un perro es asir fuertemente el maxilar superior por encima de los dientes y forzar la apertura de la boca. Con la otra mano, coloque la pastilla en la parte posterior de la lengua. Cierre la boca del animal y retenga su cabeza hacia atrás para que trague la pastilla.

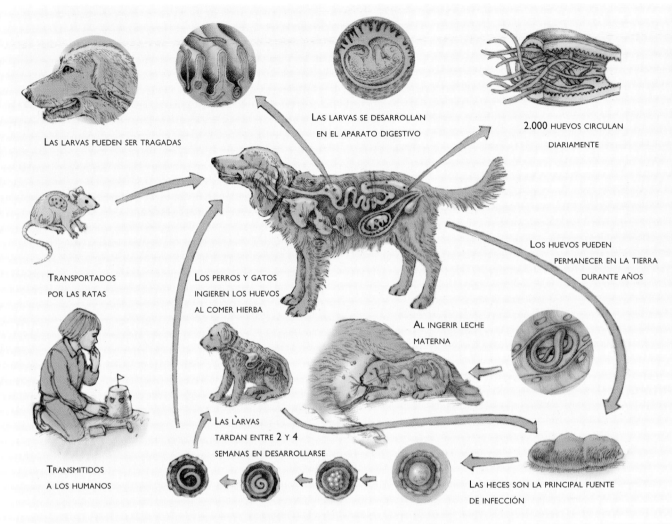

LAS LARVAS PUEDEN SER TRAGADAS

LAS LARVAS SE DESARROLLAN EN EL APARATO DIGESTIVO

2.000 HUEVOS CIRCULAN DIARIAMENTE

TRANSPORTADOS POR LAS RATAS

LOS PERROS Y GATOS INGIEREN LOS HUEVOS AL COMER HIERBA

LOS HUEVOS PUEDEN PERMANECER EN LA TIERRA DURANTE AÑOS

AL INGERIR LECHE MATERNA

TRANSMITIDOS A LOS HUMANOS

LAS LARVAS TARDAN ENTRE 2 Y 4 SEMANAS EN DESARROLLARSE

LAS HECES SON LA PRINCIPAL FUENTE DE INFECCIÓN

El ciclo vital de las ascárides y su interacción con sus hospedadores y los humanos

para alojarse de nuevo en el aparato digestivo. A las dos semanas de edad, el cachorro habrá desarrollado lombrices adultas capaces de producir miles de huevos. Algunas lombrices adultas son claramente visibles en las heces del cachorro (las que infectarán a la madre cuando ésta lama al cachorro para limpiarlo).

Los cachorros afectados de una infección grave de ascárides tienen el pelaje áspero, no se desarrollan correctamente, padecen diarrea y presentan un abdomen visiblemente abultado. La presencia de un elevado número de lombrices puede obstruir el estómago y los intestinos.

La *Toxocara canis* también puede tener un ciclo de vida «indirecto», durante el cual las larvas se alojan en el tejido de otro animal (hospedador paraténico), como el conejo, y se desarrollan cuando este animal es comido por el perro.

La infección por *Toxascaris leonina* es un problema menor porque sus larvas no llegan a los pulmones ni a los tejidos corporales, sino que completan su desarrollo en el recubrimiento interno del intestino de la madre. Así pues, los cachorros no son infectados por este parásito intestinal antes de nacer ni durante la lactancia, ni tampoco migran por los pulmones y tejidos corporales del cachorro.

Tratamiento: Se tiene que asumir que, hasta cierto punto, todas las madres lactantes y sus cachorros son infectados con lombrices intestinales, por lo que el tratamiento debe empezar lo antes posible. Algunos veterinarios recomiendan el tratamiento bisemanal de la perra embarazada; otros prefieren una frecuencia menor. Consulte con el veterinario al respecto.

Desgraciadamente, en el momento de escribir esta obra, aún no existe ningún producto capaz de eliminar completamente las larvas enquistadas o migratorias, por lo que el objetivo del tratamiento es la destrucción de las lombrices adultas alojadas en el intestino.

El primer tratamiento para cachorros se suele administrar cuando tienen entre dos o tres semanas de edad, seguido de tratamientos periódicos cada una o dos semanas hasta que llegan a los tres meses de edad. Se debe administrar un tratamiento mensual hasta los seis meses de edad del cachorro y, posteriormente, tres o cuatro

veces al año durante el resto de la vida del perro. El veterinario local le recomendará los productos y la frecuencia de administración dependiendo de la zona.

Debido al riesgo que existe para la salud humana, toda persona, especialmente los niños, deben enjuagarse las manos con abundante agua después de tocar a los cachorros.

Anquilostoma (filiformes)

Estas pequeñas lombrices redondeadas que absorben la sangre viven en el intestino del perro y según la cantidad pueden causar anemia grave o incluso la muerte.

Las dos especies más habituales en los perros son la *Ancylostoma caninum* y la *Uncinaria stenocephala*. En algunas zonas, otras especies, como la *A. Brazilensis*, también son comunes. El anquilostoma más común en zonas tropicales y subtropicales es *Ancylostoma caninum*, mientras que en

Las lombrices y los humanos

Los huevos de las lombrices intestinales y los anquilostomas pueden también infectar a los humanos. Los cachorros, tanto de perros como de gatos, a menudo resultan infectados con lombrices. En cuanto a los niños, están especialmente bajo riesgo, sobre todo cuando están en la etapa en que se introducen el dedo u otros objetos en la boca.

Los perros, tanto adultos como cachorros, que tienen lombrices expulsan los huevos de estas con las heces, los cuales pueden sobrevivir durante años en un suelo de tierra o hierba. Al ser tragados por una persona, estos huevos permanecen como larvas infecciosas que no se desarrollan, pero que se desplazan a través del cuerpo pudiendo causar lesiones. Son potencialmente peligrosas porque se mueven por los tejidos corporales internos (un proceso denominado *visceral larva migrans*). Causan una enfermedad llamada toxocariasis, que provoca varios síntomas, dependiendo del tejido al que afecten. En algunas ocasiones, las larvas se enquistan en la retina, lo que causa pérdida parcial de la vista o ceguera.

Es fundamental una higiene adecuada. Asegúrese de que los niños, así como todos los miembros de la familia, se laven las manos después de acariciar o jugar con un perro y también antes de las comidas. No permita que un perro le lama la cara y evite que coma en recipientes que pueda usar una persona.

Asegúrese de que elimina de forma correcta las heces de una perra y sus cachorros. Quémelos en el exterior o échelos por el inodoro. En la medida en que los huevos pueden sobrevivir durante años en condiciones adecuadas, nunca

los entierre ni use como compostaje.

Cuando el anquilostoma infecta a una persona, las larvas penetran y migran a través de la piel, dejando un trazo irregular y ligeramente inflamado (el proceso se denomina *cutaneous larva migrans*). Después de unas semanas, la enfermedad desaparece espontáneamente.

Existen dos céstodos o tenias (gusanos planos) que afectan a los perros, el céstodo hidatídico *(Echinococcus granulosus)*, y la tenia cucumerina transmitida por la pulga *(Dipylidium caninum)*, que pueden infectar a los humanos. La tenia cucumerina raramente causa problemas, pero el quiste hidatídico (que no existe en el Reino Unido) causa la enfermedad hidatídica y es potencialmente letal. Se desarrollan quistes en el hígado y los pulmones y, aunque con menor frecuencia, también en el corazón, riñones y sistema nervioso central, los cuales pueden causar la muerte. Los niños pueden ser fácilmente infectados, pero en la medida en que los quistes tardan años en desarrollarse, pueden pasar años antes de que se detecte la enfermedad.

Las pulgas de los perros y los gatos *(Ctenocephalides canis* y *Ctenocephalides felis)* también pican a los humanos. La mayoría de las personas sólo sufren una irritación menor, pero en algunos casos de alergia a las pulgas pueden aparecer reacciones cutáneas más graves. Un adecuado control reduce el problema.

el Reino Unido, Europa, Canadá y el norte de los Estados Unidos es más habitual la *Uncinaria stenocephala*.

Los anquilostomas adultos sueltan huevos que son transmitidos a través de las heces y que permanecen como larvas en el suelo. Bajo unas condiciones adecuadas, humedad y poca luz, estas larvas pueden vivir durante meses. En lugares donde pueden reunirse perros y pueden aparecer defecaciones, como parques públicos en los que no se hayan eliminado las heces, parcelas de césped en criaderos y residencias caninas con medidas higiénicas deficientes, es fácil que puedan sobrevivir las larvas.

Los perros pueden infectarse por ingerir las larvas o bien por la penetración de estas a través de la epidermis; uno de los lugares preferidos por donde penetran es entre los dedos de las patas, lo que causa picor y dermatitis. Finalmente, las larvas llegan al intestino del perro y se desarrollan hasta llegar a ser lombrices adultas, completando así el ciclo.

Las larvas de los anquilostomas también pueden penetrar en la epidermis y dermis humana.

Las larvas de la *Ancylostoma caninum* pueden infectar al cachorro a través de la leche materna, de modo parecido a como ocurre con la *Toxocara canis*. Cuando un perro es infectado, algunas larvas migran a través de los tejidos corporales y se enquistan en los músculos para permanecer aletargados. En la perra, los cambios hormonales acaecidos al final del embarazo estimulan a las larvas enquistadas para que migren hacia las glándulas mamarias. Entonces, los cachorros las ingieren a través del calostro y la leche materna.

Los síntomas de la infección por anquilostoma incluyen el desarrollo deficitario de los cachorros y la fatiga en los adultos, diarrea y anemia. El tratamiento es igual al de las ascárides.

Nematodos o tricuros

Trichuris vulpis tiene un ciclo de vida «directo» durante el cual los huevos que han creado las lombrices adultas en el intestino pasan al exterior a través de las heces y permanecen como larvas infecciosas que son capaces de infectar a un perro y desarrollarse.

Los síntomas de la infección por tricuros incluyen la pérdida de peso, fatiga, diarrea y, en casos extremos, anemia.

Céstodos o tenia (gusanos planos)

Los céstodos o tenias tienen un ciclo de vida «indirecto» en que otro animal, llamado hospedador intermediario, come los huevos de las lombrices y cuando posteriormente el perro come al hospedador intermediario, se completa el ciclo y las larvas se desarrollan hasta ser lombrices adultas.

Existen varias especies de céstodos que pueden infectar a los perros: *Taenia taeniaformis*, *Taenia pisiformis*, *Taenia hydatigena* y *Taenia ovis*. A pesar de que algunas de estas lombrices pueden llegar a medir tres metros, no suelen causar graves problemas de salud, por lo que a menudo pasan desapercibidas.

Uno de los céstodos o tenias más comunes es la *Dipylidium caninum* (tenia cucumerina) a menudo denominada «tenia de la pulga» porque es este animal el que actúa de hospedador intermediario. Una de las primeras señales

1 EL PERRO COME DESPOJOS INFESTADOS

2 SE DEPOSITAN SEGMENTOS EN LAS HECES

4 VEGETACIÓN INFESTADA

5 LAS OVEJAS, CONEJOS, ROEDORES O HUMANOS PUEDEN SER HOSPEDADORES INTERMEDIARIOS

3 LOS HUMANOS INFECTADOS PUEDEN DESARROLLAR QUISTES HIDATÍDICOS MUY PELIGROSOS

El ciclo vital del céstodo hidatídico

FOTO SUPERIOR: El nematodos sale de su huevo, dentro del cuerpo del perro.

de la infección por tricuros es la presencia de restos de céstodos o tenias adheridos en el pelo de alrededor del ano que se pueden observar en la cama del animal o en sus heces. Al principio, parecen semillas de pepino, pero al secarse se hinchan como granos de arroz.

A partir de los tres meses y hasta los seis años de edad, se le deberá administrar tratamiento contra los céstodos o tenias y las ascárides a su perro. Posteriormente, el perro precisará tratamiento trimestral durante toda la vida. Muchos de los preparados existentes contra las lombrices son sólo efectivos contra algunos parásitos, por lo que deberá dejarse aconsejar por el veterinario para un correcto uso. Un correcto control de las pulgas ayudará a reducir la incidencia de *Dipylidium caninum.*

El céstodo hidatídico, *Echinococcus granulosus,* no se encuentra en el Reino Unido, pero es importante porque representa un grave riesgo para la salud humana.

La lombriz sólo mide 7 mm, pero un perro infectado puede albergar miles de estos gusanos. Los huevos que son expelidos a través de las heces del perro pueden ser ingeridos por varios hospedadores intermediarios, entre los que se encuentran la oveja y el hombre. Una vez en el interior del hospedador intermediario, los huevos se desarrollan en forma de quistes adheridos a los tejidos, particularmente el hígado y los pulmones.

Los perros que trabajan en las granjas, en particular las granjas de ovejas, son los que están expuestos a un mayor riesgo, puesto que podrían ingerir despojos que contengan quistes.

En algunos países en donde la infección por *Echinococcus* llegó a ser un grave problema, como por ejemplo Gales y Nueva Zelanda, se introdujeron programas de control de ámbito nacional que prohibían dar de comer a los perros despojos, además de obligar a que estos pasaran controles antiparasitarios de forma periódica.

Filarias (gusano del pulmón)

El gusano del pulmón *(Filaroides osleri)* también tiene un ciclo de vida «directo». Los gusanos adultos, de 2 mm, son nódulos que afectan la tráquea y los bronquios del perro. Son huevos expelidos a través de las expectoraciones, los cuales serán ingeridos, depositados en las heces o transmitidos a través de la saliva del perro. Una infección leve del gusano del pulmón puede pasar desapercibida. En infecciones más severas, los síntomas incluyen pérdida de peso y tos áspera, seca y persistente, en particular si el perro realiza un ejercicio moderado.

El tratamiento para el gusano del pulmón puede ser difícil, aunque actualmente existen varios medicamentos. Consulte al veterinario para que le aconseje.

Filarias (gusano del corazón)

La infección por el gusano del corazón *(Dirofilaria immitis)* se transmite directamente de perro a perro y es causada por la picadura de una especie de mosquito. Las larvas del gusano del corazón (denominadas microfilariae) circulan por la sangre del perro infectado. Al chupar el mosquito la sangre del perro infectado, también ingerirá la microfilariae para transmitirla después a otro perro. Cuando las larvas de la microfilariae llegan a la circulación de la sangre, se desplazan hasta el corazón, pulmones y vasos sanguíneos para acabar aquí de madurar hasta convertirse en gusanos adultos, los cuales empezarán de nuevo a producir la nueva generación de microfilariae. Pueden pasar hasta seis o siete meses antes de poder detectar las microfilariae en la sangre del perro infectado; por esto esta enfermedad no suele detectarse en perros más jóvenes de un año.

En las primeras fases de la infección, el perro sólo presentará algunos síntomas, pero a medida que aumente el número de parásitos, estos causarán lesiones en el recubrimiento interno del corazón y obstruirán las arterias y la circulación sanguínea del corazón.

Un perro afectado pierde peso de forma gradual, se vuelve letárgico y se cansa con facilidad. Podría presentarse también una tos persistente, anemia e hinchazón del vientre. Finalmente, podría sobrevenir la muerte por fallo cardíaco.

Si usted vive en una zona en que existe la enfermedad del gusano del corazón, será preciso que se le practiquen análisis de sangre con periodicidad a su perro para determinar si ha podido ser infectado. Consulte con el veterinario acerca de este tema.

Los análisis incluyen el examen microscópico de las muestras de sangre para, con la ayuda de un pigmento, detectar más fácilmente la presencia de la microfilariae. Al menos la mitad de los perros infectados no tienen microfilariae circulando por la sangre, por lo que podrían ser precisas otras pruebas para confirmar la presencia de la enfermedad.

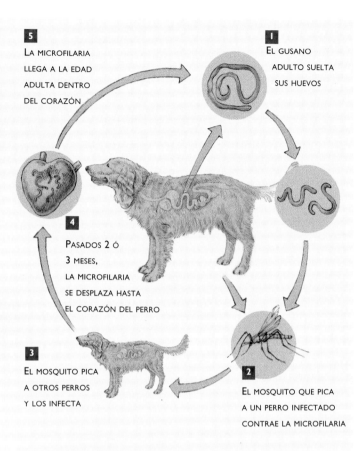

LA MICROFILARIA
LLEGA A LA EDAD
ADULTA DENTRO
DEL CORAZÓN

1

EL GUSANO
ADULTO SUELTA
SUS HUEVOS

4

PASADOS 2 ó
3 MESES,
LA MICROFILARIA
SE DESPLAZA HASTA
EL CORAZÓN DEL PERRO

3

EL MOSQUITO PICA
A OTROS PERROS
Y LOS INFECTA

2

EL MOSQUITO QUE PICA
A UN PERRO INFECTADO
CONTRAE LA MICROFILARIA

El ciclo de vida del gusano del corazón: la particularidad de este gusano es que se transmite de perro a perro a través de una especie de mosquito

A los perros que no hayan sido infectados se les puede administrar un programa de medicación para prevenir la infección. Los perros infectados pueden ser medicados. El tratamiento a veces tiene efectos secundarios de cierta gravedad debido a que los gusanos muertos se desintegran en la sangre y pueden causar la obstrucción de algunos vasos sanguíneos.

Infecciones protozoarias

Toxoplasmosis

La Toxoplasmosis es causada por el parásito protozoario denominado *Toxoplasma gondii,* que es común entre los gatos y puede transmitirse al hombre a través de la inges-

tión de los quistes que aparecen en las heces de los gatos. Las infecciones por toxoplasma en los perros no son habituales y a menudo pasan desapercibidas, pero los dueños de perros deben tener en cuenta que un perro que coma las heces de un gato puede infectarse y sufrir síntomas parecidos a los del hombre.

El hombre puede infectarse por:

o Haber tocado a las crías de gato infectadas, o terreno en que hayan defecado los gatos.
o Haber comido accidentalmente arena infectada o frutas o verduras sin lavar.
o Haber comido carne poco hecha (en particular la carne de cordero).
o Haber consumido leche de cabra, yogurt o queso no pasteurizados.

Una de cada dos personas puede resultar infectada en algún momento de su vida. Una infección leve puede pasar desapercibida o no ir más allá de los síntomas del resfriado.

No obstante, el parásito podría enquistarse en los tejidos y causar inflamación. La Toxoplasmosis es especialmente peligrosa para las embarazadas porque puede ser causa de aborto o contagiar al feto, lo que podría causar que el niño naciera ciego o con deficiencia mental. Como precaución rutinaria, las heces de los gatos deben ser eliminadas de la cuna de la camada cada dos días, antes de que los huevos de toxoplasma aparezcan.

Coccidiosis

Aunque la coccidiosis raramente infecta a los perros, existen cuatro especies de coccidia *(Cystoisospora)* que pueden atacar a los perros. Los cachorros jóvenes son los que presentan más riesgo. Los síntomas incluyen diarreas, deshidratación y pérdida de peso. Se diagnostica a través del examen de las muestras de heces. Es fundamental el tratamiento veterinario.

Giardiasis

El parásito protozoario *Giardia lamblia* existe en todo el mundo y puede infectar al hombre, la mayoría de los animales domésticos y a los pájaros. Este tipo de protozoos adultos (trophozoites) habitan principalmente en las superficies mucosas del intestino delgado e interfieren en el proceso de la digestión. Son productores de quistes que son expelidos con las heces. Estos quistes a menudo van a parar a las fuentes acuíferas, las cuales pasan a ser focos de infección. Entre los animales domésticos, la giardiasis es principalmente un problema para los perros, pero en algunas ocasiones los gatos también pueden contraerla. Las señales van desde diarrea leve a aguda, que puede ser persistente, intermitente o desaparecer espontáneamente. Algunos animales pierden peso.

La enfermedad es diagnosticada mediante el examen de las heces en el laboratorio. Existen varios medicamentos que se pueden utilizar para el tratamiento veterinario.

Pulgas

Tan pronto como tenga a su cachorro, empiece el tratamiento antipulgas, aunque aparentemente no esté infestado. El veterinario le aconsejará acerca del mejor tratamiento para estos parásitos externos, que deberá repetir durante toda la vida del perro. Si tiene un gato, es preciso que también se le aplique este tratamiento, debido a que la pulga del gato es una de las especies más habituales de los perros.

Sin un control antiparasitario, las pulgas pueden transmitir parásitos internos; si un perro ingiere pulgas adultas puede infectarse con *Dipylidium caninum*. Por otro lado, las pulgas también pueden actuar de barrera a enfermedades como la plaga bubónica y el tifus endémico.

La hembra adulta se alimenta durante dos o tres días, consumiendo una cantidad de sangre diaria de hasta quince veces su peso, pasados estos días empieza a poner huevos. Durante su producción máxima, una hembra puede poner hasta 50 huevos diarios y varios cientos durante su vida. Suele soltar los huevos de forma que caen en el suelo, alfombras, cama de los animales o terreno.

Los huevos se incuban dentro de las larvas; al finalizar su maduración, las larvas se rompen y los parásitos salen al exterior para alimentarse de las descamaciones de la piel o las heces de las pulgas adultas (que contienen sangre). Entre los cuatro y los ocho días posteriores, las larvas tejen un capullo del que se formará una ninfa.

Esta ninfa de la pulga puede permanecer aletargada hasta dos años y se muestra muy resistente a la mayoría de los insecticidas.

La ninfa iniciará su incubación cuando las condiciones ambientales sean las adecuadas, cuanto más caluroso y húmedo mejor.

La incubación es provocada por el calor o vibraciones del hospedador potencial (perro, gato u hombre) y puede iniciarse en menos de un segundo. Al finalizar el período de incubación, la pulga se alojará en un hospedador para empezar a alimentarse; para ello puede que se haya desplazado de un salto hasta una distancia de medio metro (1.200 veces la longitud de su cuerpo). Bajo las condiciones adecuadas, con sólo tres semanas se completa el ciclo.

Las pulgas permanecen durante bastante tiempo en su hospedador y en el entorno, por lo que el tratamiento deberá contemplar dos objetivos:

- Destruir las pulgas adultas que se alojan en el perro y el perímetro que rodea al animal.
- Destruir los huevos y las larvas del entorno para interrumpir el ciclo vital.

El tratamiento del perro: El correcto tratamiento de un perro con pulgas consistirá en matar a los parásitos adultos que ya se hallan en el animal y también a los huevos adheri-

FOTO SUPERIOR: Una pulga adulta poniendo un huevo. Durante su producción máxima, una hembra puede poner hasta 50 huevos diarios. Los huevos caerán en las alfombras o cama del perro o incluso en su propia cama si no toma las precauciones necesarias.

91

dos al pelaje. Existen muchos tratamientos, algunos de los cuales matan hasta el 95-100 por ciento de las pulgas de los perros y gatos en doce horas. Estas sustancias se aplican en la piel y logran matar a las pulgas adultas, además de destruir el 99% de las larvas. Los efectos de estos tratamientos pueden durar hasta pasado un mes, aproximadamente.

No es suficiente con aplicar el tratamiento a su perro, sin embargo, deberá también tratar a los gatos y el entorno doméstico en general.

El tratamiento del entorno: Debido a que las pulgas sólo permanecen en el cuerpo del perro durante un corto período de su ciclo vital, es importante aplicar tratamientos en los lugares donde se alojan las pulgas adultas y maduran sus huevos.

Mediante el aspirado regular de las alfombras, poniendo especial atención en las grietas de los suelos de madera y a lo largo de los zócalos podrá eliminar la mayoría de parásitos y huevos. Sin embargo, también se alojan larvas dentro de las bolsas de la aspiradora, lugar en que disponen de suficiente materia orgánica para continuar alimentándose. Si la bolsa del aspirador es desechable, quémela. En caso contrario, coloque un collar antiparásitos.

Se pueden adquirir insecticidas para uso doméstico. Estos están compuestos de *permethrin* para matar a las pulgas adultas, y de *methoprene,* un regulador del crecimiento de los insectos, el cual contiene un componente natural que se halla en los insectos y que previene el desarrollo de las larvas. Permanecen en las alfombras hasta nueve meses y previenen la maduración de huevos y larvas.

Para unos resultados óptimos, es necesario aplicar este tratamiento antiparasitario a toda la casa. Saque los peces y plantas de las habitaciones que se tengan que desparasitar. Vacíe y mantenga cerradas las habitaciones que quiera desparasitar.

Una vez realizados estos primeros preparativos, deje el insecticida bombeando el producto durante al menos dos horas dentro de las habitaciones cerradas previamente. A continuación, deje puertas y ventanas abiertas durante media hora para asegurarse de que las habitaciones se ventilan correctamente antes de que entre en ellas cualquier persona o animal. Antes de utilizar uno de estos productos, lea atentamente las instrucciones del etiquetado.

Algunos limpiadores para alfombras contienen insecticidas para eliminar pulgas. El uso continuado de estos contribuirá a controlar el problema.

Dermatitis por picadura de pulga: Muchos perros (y gatos) desarrollan una alergia a la saliva de las pulgas. En zonas de clima templado, se denomina «eczema estival» y sólo una picadura puede provocar una reacción grave que obliga al perro a rascarse y morderse, lo que puede causarle lesiones cutáneas. En muchos casos, es preciso el tratamiento veterinario, ya que se debe controlar la reacción. En el caso de aparecer lesiones cutáneas, es preciso un tratamiento específico para prevenir la aparición de bacterias.

Garrapatas

Las garrapatas infectan a los animales salvajes, el ganado y las ovejas en particular. En zonas de clima templado, son más activas durante los meses estivales.

Las garrapatas se adhieren a los perros de forma temporal. Saltan al pelaje del animal, introducen la parte bucal en la dermis y chupan la sangre de su hospedador temporal. Cuando han ingeri-

ARRIBA: Desgraciadamente, esta es una escena muy habitual: un perro rascándose frenéticamente debido a la presencia de pulgas. No es suficiente con tratar a su perro; aplique tratamiento a todos los animales de la casa y al entorno doméstico.

do suficiente sangre, su abdomen se hincha hasta adquirir el tamaño de un guisante y caen al suelo. Pueden sobrevivir hasta dos años sin volver a alimentarse.

Si usted vive en un área infestada de garrapatas, o si ha llevado a su perro de paseo por zonas en las que había ganado u ovejas pastando, inspeccione a fondo la piel de su perro para localizar y retirar posibles garrapatas.

Tenga en cuenta que, una vez que están llenas de sangre, algunas garrapatas se caen. En algunos caso, lo que queda visible es un pequeño sarpullido alrededor de la picadura de la garrapata.

Asegúrese de extirpar la cabeza de la garrapata; de otro modo, se podría formar un absceso. No siempre es fácil extirpar una garrapata. Puede también rociar a la garrapata con un insecticida, dejar que haga efecto durante doce horas y, posteriormente, arrancar la garrapata muerta.

Para un resultado más rápido, rocíe con alcohol etílico o metílico a la garrapata; pasados cinco minutos, cuando el insecto está muerto o adormecido, sujete la cabeza de la garrapata con la ayuda de unas pinzas o tenacillas de punta fina y arránquela con un firme tirón. No la sujete del cuerpo porque podría aplastarlo, saliendo saliva, la cual contiene toxinas (ver *Parálisis de la garrapata* en el próximo apartado).

Si se formara un absceso, lávelo con un compuesto salobre templado y aplique el producto antiparasitario que le recomiende el veterinario.

Parálisis de la garrapata: La mayoría de las garrapatas sólo causan molestias temporales, pero existe una especie *(Ixodes)* en las costas de Australia, cuya saliva contiene una toxina que puede causar parálisis gradual e incluso la muerte. Los síntomas de la parálisis aparecen pasados cuatro o cinco días después de que el perro haya sido infectado.

Al principio, los perros afectados muestran signos de debilidad en las patas traseras, que se extiende a la parte delantera. Puede darse un cambio en el tono del ladrido y dificultades respiratorias. Finalmente, la parálisis puede desembocar en la muerte del animal causada por fallo respiratorio. Es fundamental el tratamiento veterinario.

Piojos

Se dan con mucha menos frecuencia y, generalmente, sólo en perros abandonados. Existen muchos tipos, de los cuales el más común es el piojo mordedor *(Trichodectes canis)*, el cual se adhiere en las zonas descamadas de la piel y causa irritación leve. El piojo chupador *(Linognathus setosus)* penetra en la dermis y llega hasta los tejidos y la sangre, causa prurito intenso y puede ser motivo de anemia.

Los huevos de piojos (liendres) pueden descubrirse adheridos al pelaje. El piojo adulto es de un color grisáceo, mide unos 2 mm y se encuentra, sobre todo, alrededor de las orejas, cabeza, cuello, hombros y ano.

Debido a que durante todo su ciclo vital el piojo permanece en un solo hospedador, eliminarlo es fácil: consiste en aplicar al perro un tratamiento con aerosoles o lavados antiparasitarios cada cinco o siete días al menos tres veces. Si la cama del perro está infestada, se deberá deshacer de ella y desinfectar el contorno.

Ácaros del oído

Existen muchas especies de ácaros que pueden infectar a los perros.

Los ácaros del oído *(Otodectes cynotis)* suelen afectar más a los cachorros, pero también pueden infectar a los perros y gatos adultos. Causan irritación que provoca que el perro se rasque y una infección secundaria que causa inflamación y dolor. Se diagnostica después del examen con microscopio de un mechón de pelo de la oreja del perro.

Los casos poco severos de infección por ácaros de oído pueden tratarse con gotas antiparasitarias (si usted tiene un gato, aplíquele el tratamiento también). Sin embargo, en el caso de que exista una infección secundaria, será preciso un tratamiento con antibióticos (con gotas o inyecciones).

Ácaros de la sarna

Existen tres tipos de ácaros de la sarna que con más frecuencia infectan a los perros.

La *Cheyletiella yasguri* se encuentra en el pelaje y la epidermis, causa descamación, apari-

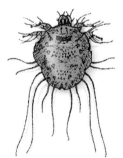

ARRIBA: Cuando elimine las garrapatas de su perro, intente extraer la cabeza del parásito para evitar que se forme un absceso.

93

ción de caspa y prurito, que pueden desembocar en la pérdida del pelo e infección cutánea.

El ácaro de la sarna sarcóptica *(Sarcoptes scabei)* y el ácaro de la sarna demodécica *(Demodex canis)* pueden ser causantes de graves problemas para los perros.

El ácaro demodécico penetra en los folículos capilares y causa la pérdida del pelo e irritación leve.

El ácaro sarcóptico penetra en la dermis y causa irritación grave, la cual provoca que el animal se rasque y se muerda. Los síntomas incluyen picor y la aparición de calvas en las zonas en que se ha arrancado o caído el pelo. El veterinario realizará el diagnóstico mediante el examen con microscopio de las zonas de la piel afectadas.

El tratamiento de la infestación de *Cheyletiella* es fácil y consiste en la aplicación de una loción o crema antiparasitaria. El tratamiento de la sarna sarcóptica y demodécica resulta más difícil y prolongado porque los ácaros penetran en las zonas profundas de la piel.

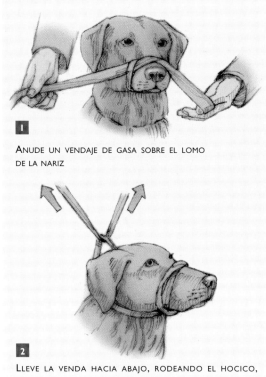

1

ANUDE UN VENDAJE DE GASA SOBRE EL LOMO DE LA NARIZ

2

LLEVE LA VENDA HACIA ABAJO, RODEANDO EL HOCICO, DESPUÉS EL CUELLO Y, FINALMENTE, ÁTELA EN LA NUCA.

Puede fabricarse un bozal temporal a partir de cinturones blandos, corbatas o incluso tirantes viejos

Ácaros de la cosecha o eritema otoñal

Estos pequeños ácaros *(Trombicula autumnalis)* están presentes sólo en algunas zonas. Tal como su nombre indica, son más frecuentes al final del verano o en otoño, durante o después de la cosecha. En este caso, son las pequeñas larvas rojas los elementos parasitarios. Estas larvas, que se pueden ver a simple vista, infestan los dedos de las patas (los espacios interdigitales) y la pequeña bolsa que se forma en el extremo inferior de la oreja del perro. Causan irritación y provocan que el perro se rasque o lama constantemente las orejas o las patas. Si su perro resulta infectado, el veterinario le recomendará el tratamiento más adecuado.

ARRIBA: La forma correcta forma de retener a un perro es colocarlo en una superficie firme, rodearlo con cuidado por el cuello con un brazo y por el abdomen con el otro. Con los dos brazos, mantenga el cuerpo del perro firmemente apoyado contra su torso.

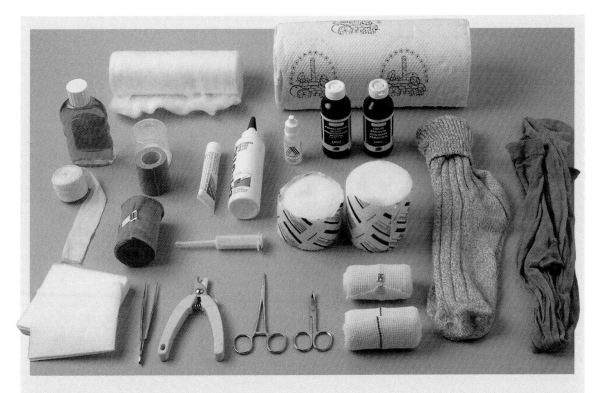

Botiquín básico de primeros auxilios

La información que aquí se proporciona es sólo una guía y en ningún caso pretende reemplazar el asesoramiento veterinario. Si se enfrenta a una situación de emergencia, recuerde que los principios de primeros auxilios para los perros son similares a los de las personas.

- Vendas (5 cm y 7,5 cm).
- Esparadrapo textil.
- Venda de gasa (5 cm).
- Compresas adhesivas con yeso (5 cm y 7,5 cm).
- Compresas de gasa para vendajes (5 cm).
- Algodón.
- Pinzas.
- Tijeras de punta redonda.
- Tijeras de punta fina.
- Venda resistente para poder improvisar un bozal (ver p. 94).
- Cortaúñas.

- Antisépticos y desinfectantes recomendados por el veterinario.
- Crema antiséptica.
- Agua oxigenada (3%) para heridas sangrantes.
- Parafina líquida para el estreñimiento.
- Gotas para los ojos y los oídos recomendadas por el veterinario.
- Rollo de papel de celulosa.
- Un par de medias viejas (para cubrir la cabeza en caso de orejas que sangren).
- Un par de calcetines viejos (para proteger un vendaje de las extremidades).

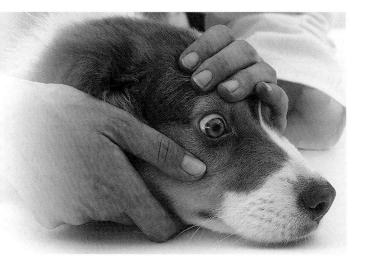

EL CONTROL DE LA SALUD DE SU PERRO
Señales de enfermedad

Cuanto antes pueda detectar un problema de salud en su perro y actuar, mejor. De esta forma, será más probable que el tratamiento sea efectivo y su perro sufra menos molestias o dolor. Aprenda a distinguir la normalidad para poder detectar si algo erróneo está ocurriendo. Ante cualquier duda, consulte con la clínica.

Las primeras señales de enfermedad

Una de las primeras señales indicativas de mala salud podría ser un pequeño cambio en el comportamiento habitual de su perro. Quizás esté más tranquilo de lo normal, menos activo o sin demasiado entusiasmo para salir de paseo. Quizás se muestre más sediento o con menos apetito. En la medida en que los perros, al igual que ocurre con los humanos, tienen días «bajos», preste atención a este tipo de cambios durante uno o dos días. Si se prolongaran, pase a la acción.

Consulte con el veterinario si su perro muestra alguna de las siguientes señales:

- Cansancio infrecuente o apatía.
- Secreciones extrañas.
- Sacudidas excesivas de la cabeza.
- Rascarse, lamer o morder excesivamente alguna parte del cuerpo.
- Aumento o disminución notable del apetito.
- Excesiva ingesta de agua.
- Evacuaciones difíciles, anormales o incontroladas.
- Aumento o pérdida notable de peso.

- Comportamiento anormal, como hiperactividad, agresividad o apatía.
- Inflamación anormal de alguna parte del cuerpo.
- Debilidad.
- Dificultad al incorporarse o tumbarse.

Tan pronto como observe algo inusual, anótelo, ya que podría necesitar esta información en el caso de llevar a su perro al veterinario. Mientras que los médicos pueden conversar con sus pacientes para elaborar su «historial», los veterinarios no pueden hacer lo mismo, por lo que deben confiar en los humanos.

Dolor

El dolor es el resultado de la estimulación de las ramificaciones nerviosas (receptores) del cuerpo. Las causas pueden ser muchas, aunque por lo general aparece como consecuencia de una herida, infección, intoxicación o reacción inflamatoria. Es una de las primeras señales de enfermedad. Cuando a nosotros nos duele algo, podemos hablarlo con alguien. Un perro no puede hablar, pero tiene diversas formas de expresar sus sentimientos. Algunos perros, en especial los de raza pequeña, reaccionan ante el menor incidente; otros, especialmente los sabuesos, son más estoicos. Ahora bien, en la mayoría de los casos, las reacciones de su perro serán bastante claras.

Seguramente aullará de dolor si usted le pisa accidentalmente o si ha recibido un golpe. Puede que chille si le toca

FOTO SUPERIOR: El veterinario es capaz de detectar la presencia de alguna enfermedad mediante la observación de los ojos de este Border Collie de doce semanas.

una parte lastimada del cuerpo, o incluso podría morder. No obstante, en otras ocasiones la única indicación de que algo va mal es un cambio sutil del comportamiento.

○ Si su perro se ha herido en la pata, es posible que apoye la pata afectada, pero sin reposar el peso en ella, o bien que cojee.

○ Si padece de dolor articulatorio, por ejemplo de artritis, puede que se queje cuando se incorpora o tumba.

○ Los calambres causan temblores musculares, lo que puede provocar que su perro gimotee.

○ El dolor o la irritación de las glándulas anales hacen que el perro se desplace por el suelo sobre el trasero. Puede que a menudo se vuelva hacia atrás para inspeccionar la parte trasera del cuerpo.

○ El dolor en el ojo causa que su perro se frote este con la pata o con algún objeto.

○ El dolor en los oídos provoca que el perro ladee la cabeza y la sacuda con frecuencia.

○ El dolor bucal puede causar salivación y hace que su perro aúlle con frecuencia.

○ Si su perro padece dolores internos, de cabeza o espina dorsal, puede ser más difícil detectarlo.

Puede tratarse de dolor en la espina dorsal si su perro:

○ Parece renquear, aunque no se observa ninguna extremidad afectada.

○ Se resiente cuando se le acaricia el lomo.

○ Saca joroba o tiembla cuando está de pie al andar.

○ Tiene incontinencia.

○ Le resulta difícil adoptar la postura normal para defecar.

○ Se le paralizan las patas traseras.

Puede tratarse de dolor de cabeza si su perro:

○ Entrecierra los ojos sin que exista ningún problema ocular aparente.

○ Empuja la frente contra los objetos.

○ Sacude levemente y con frecuencia la cabeza.

○ Parece estar ausente.

Puede tratarse de dolor interno si su perro:

○ Pasa más tiempo del habitual tumbado o acurrucado.

○ Se muestra inquieto e incapaz de permanecer quieto.

○ Tensa los músculos del abdomen o dobla hacia dentro la espalda.

○ Dobla las patas delanteras, inclinándose hacia delante con la parte posterior del lomo levantada.

○ Se mira, lame o muerde continuamente el abdomen.

○ Hace esfuerzos para evacuar, pero no lo consigue.

○ De forma brusca y sin motivo se muestra agresivo.

Qué hacer: Si el dolor ha sido causado por un accidente menor (por ejemplo, alguien le ha pisado una pata), lo más sensato es observar cómo reacciona el perro. En el caso de que el dolor persista pasadas unas horas, contacte con el veterinario. Si el dolor es el resultado de un accidente más grave o bien desconoce cuál ha sido la causa, acuda al veterinario.

La limpieza de las orejas de su perro

Siempre entra algo de pelo en las orejas de los perros, por lo que usted deberá retirar el exceso de pelo acumulado con los dedos. Utilice tijeras de punta redondeada para arreglar el pelo de la cara interna de las orejas.

A veces, los perros se rascan las orejas debido a la acumulación de cerumen. Este exceso de cerumen puede ser debido a los pelos que obstruyen el canal auditivo o por causa de una irritación leve. Si no se observa inflamación o dolor, puede limpiar usted mismo esta acumulación de cera.

Utilice la solución limpiadora que le haya recomendado el veterinario. Aplique la solución en los oídos dos veces al día, masajee la parte externa, seque la humedad restante y recoja el cerumen con bolitas de algodón. Nunca utilice ningún preparado en polvo ni aplique nada en el canal interno de la oreja.

Si pasados cuatro o cinco días, el perro sigue sacudiendo la cabeza o si se presenta inflamación o dolor, acuda al veterinario.

ARRIBA: Una osteópata examina a este joven perro mestizo para detectar la posible presencia de dolor en las articulaciones o espina dorsal.
FOTO SUPERIOR: Para cortar el exceso de pelo de su perro, utilice tijeras de punta redondeada para evitar lesiones en la oreja.

Problemas de los oídos

SÍNTOMAS	POSIBLES CAUSAS	MEDIDAS RECOMENDADAS
Sacudir la cabeza, cerumen negruzco en el canal auditivo.	Acumulación excesiva de cerumen.	Limpie los oídos tal como se describe en p. 97.
Sacudir la cabeza, rascarse las orejas, cerumen arenoso y negruzco visible.	Ácaros.	Lleve el perro al veterinario para confirmar el diagnóstico (ver p. 93, *Ácaros*).
Sacudir la cabeza, la zona afectada se muestra enrojecida o amarillenta, secreción con mal olor. El conducto auditivo o cara interna de las orejas puede presentar inflamación. Dolor al tocar la oreja.	Infección auditiva externa *(otitis externa)*. La causa suele ser la aparición de microorganismos externos como bacterias, hongos o ácaros. Si no se trata a tiempo, puede complicarse y ser motivo de dolor agudo, llegando a convertirse en una infección crónica.	No introduzca nada en la oreja, ya que se podría romper el recubrimiento del tímpano; además, algunos tratamientos podrían causar lesiones en el oído medio. Lleve el perro al veterinario para comprobar que el tímpano (membrana timpánica) no ha sufrido ninguna lesión. Si es preciso, el veterinario tomará una muestra para analizar en el laboratorio y determinar cuáles son los microorganismos infecciosos presentes. Siga el tratamiento que se prescriba.
Sacudir la cabeza o llevarla de costado, frotar la cabeza contra las alfombras, no se observa ninguna secreción, el perro se muestra inquieto.	Cuerpo extraño que se ha introducido en el conducto auditivo; generalmente alguna semilla.	Acuda al veterinario para que extraiga el cuerpo extraño. No dé de comer al perro antes de la visita, ya que podría necesitar un sedante.
Cabeza caída hacia un lado, pérdida del equilibrio, movimiento anormal de los ojos *(nystagmus)*. Puede que el perro vomite.	Infección del oído medio e interno *(otitis media y otitis interna)*. Puede ser el resultado de un cuerpo extraño o una infección crónica del oído.	Lleve el perro al veterinario para elaborar el diagnóstico. Se podrían prescribir antiinflamatorios, antibióticos y medicamentos antieméticos para cortar el vómito si lo hubiera.
	Síndrome vestibular en el perro anciano. La causa es incierta; puede aparecer de repente en los perros ancianos. Son eficaces los antiinflamatorios.	Lleve el perro al veterinario.
Inflamación de la cara interna de la oreja. Puede que el perro incline la zona afectada (p. 110) hacia un costado y se sacuda la cabeza.	Hematoma aural. Es una acumulación de sangre o fluido que se instala entre el cartílago y la piel de la cara interna de la oreja. No se conoce la causa exacta, aunque podría ser a consecuencia de que el perro se rasque y sacuda la cabeza frecuentemente. También podría ser el resultado de una reacción autoinmunológica.	Espere 48 horas para que finalice la acumulación de fluido antes de llevar a su perro al veterinario. El tratamiento podría consistir en medicación o intervención quirúrgica. Es preciso realizar el drenaje del fluido e insertar antibióticos o antiinflamatorios. La intervención quirúrgica con anestesia general consiste en la apertura de la zona afectada, drenaje posterior y cosido para evitar una nueva acumulación de fluido.
Pequeñas costras, piel de la zona afectada enrojecida.	Insolación.	Aplique protector solar en la zona afectada tres veces al día. Evite la exposición al sol de su perro, especialmente en las horas de más calor.
Costras grandes que no se acaban de curar.	Cáncer del oído (carcinoma de células escamosas).	Lleve el perro al veterinario. El tratamiento podría consistir en cirugía (congelación mediante líquido de nitrógeno) o la amputación de la oreja.

Problemas de los oídos *(continuación)*

SÍNTOMAS	POSIBLES CAUSAS	MEDIDAS RECOMENDADAS
El perro presenta signos de sordera.	El cerumen obstruye el canal auditivo. Infección interna del oído *(otitis media, otitis interna)*. Defecto congénito. Edad avanzada.	Examen veterinario para establecer las posibles causas.

Problemas bucales y del exófago

SÍNTOMAS	POSIBLES CAUSAS	MEDIDAS RECOMENDADAS
Mal aliento.	Acumulación de sarro en los dientes.	Lleve el perro al veterinario. Su perro podría necesitar una higiene bucal.
Mal aliento, encías inflamadas y sangrantes.	Gingivitis (inflamación de las encías).	Como arriba. Podrían ser necesarios antibióticos.
Dificultad para masticar, mal aliento.	Rotura o infección dental.	Lleve el perro al veterinario. Podría ser necesaria la extracción de un diente o tratamiento con antibióticos.
Como arriba, puede aparecer sangre. El perro puede babear.	Tumor bucal (p. ej., melanoma).	Acuda al veterinario para que le asesore.
Hinchazón visible debajo de la lengua.	Ránula (tractos salivares obstruidos).	Lleve el perro al veterinario.
El perro babea, se toca la boca con la pata, se atraganta.	Presencia de un cuerpo extraño (p. ej., un hueso o palillo) atravesado en el paladar duro, entre los molares superiores, o bien una espina clavada en el labio.	Abra la boca del perro para examinarla. Si observa la presencia de un cuerpo extraño que usted pueda sacar, hágalo. Procure que el perro no le muerda. Si existe alguna herida o no puede encontrar la causa del problema, lleve el perro al veterinario.
	Una avispa en la boca (en la lengua, en la parte interna de las mejillas o en las encías).	Si no puede ver la avispa, intente retirarla con unas pinzas. Examine la boca con regularidad; en el caso de que surja una hinchazón leve, lleve el perro al veterinario.
	Llagas en la lengua.	Examine la lengua. Si aparece inflamada o con llagas, averigüe si el animal ha estado en contacto con sustancias tóxicas o corrosivas. Lleve una muestra de la sustancia al veterinario (ver pp. 48-49, *Venenos*).
El perro babea, tiene náuseas o tose.	Algún objeto en la garganta. Tos de las perreras.	Lleve el perro al veterinario en ambos casos.
Regurgitar la comida, incluso con náuseas y salivación.	Algún objeto en el esófago. Esófago inflamado.	Lleve el perro al veterinario en ambos casos.
Dificultad al masticar, sin otros síntomas.	Problemas nerviosos.	Lleve el perro al veterinario para el diagnóstico.

Problemas estomacales

Consejos y tratamiento para los vómitos

En los perros es natural recurrir a los vómitos para la eliminación de agentes nocivos en el estómago, por lo que no suele ser un indicador de problemas.

Si su perro vomita una o dos veces, déle agua y obsérvelo durante las cuatro horas siguientes. Si no vuelve a vomitar, ofrézcale un poco de comida suave, como pollo con arroz hervido. Si no se observa ningún signo de empeoramiento, continúe con una dieta suave durante las 24 horas siguientes, para reintroducir gradualmente la dieta normal.

Consulte con el veterinario ante cualquier duda o si:

- El perro parece estar deprimido.
- Aparecen estrías de sangre en los vómitos.
- El perro sigue vomitando de forma intermitente (por ejemplo, cada tres o cuatro horas) durante un período superior a ocho horas.
- El perro vomita constantemente y no puede tragar agua.
- El perro ha tenido acceso a la basura doméstica o a sustancias tóxicas.

SÍNTOMAS	ALGUNAS DE LAS CAUSAS POSIBLES	MEDIDAS RECOMENDADAS
El perro come hierba, después la vomita mezclada con mucosidades (y huesos).	Evacuación natural de agentes indigestos.	Lleve a cabo el protocolo para los vómitos en los dos casos (ver p. 49, *Tratamiento de emergencia*).
Como arriba, sin huesos.	Gastritis leve.	
Vómitos frecuentes, poco apetito, depresión.	Gastritis. Pancreatitis.	Lleve el perro al veterinario. Lleve el perro al veterinario URGENTEMENTE.
Como arriba, más otras señales como diarrea (con o sin sangre), heces oscuras.	Infección debida a la ingesta de comida en mal estado o tóxica. Infección del parvovirus canino. Úlcera gástrica. Intoxicación.	Lleve el perro al veterinario en todos los casos.
Como arriba, además de adoptar una postura encorvada.	Algún cuerpo extraño alojado en el estómago. Pancreatitis.	Lleve el perro al veterinario. Lleve el perro al veterinario URGENTEMENTE.
Abdomen dilatado, perro joven, posible apatía, pelaje deslucido.	Lombrices parasitarias.	Tratamiento para las lombrices (ver pp. 85-90).
Abdomen dilatado, náuseas, dificultad para respirar.	Dilatación o rotación del estómago. Gases en el estómago después de comer o de un exceso de comida, lo que ha causado contracción del estómago y obstrucción de los canales de entrada y salida. Más frecuente en perros de caja torácica profunda, como el Bóxer, Pastor alemán; en particular, si el perro ha hecho ejercicio poco después de comer.	ES PRECISO TOMAR MEDIDAS URGENTEMENTE. Acuda al veterinario inmediatamente. Puede ser necesaria una intervención quirúrgica.

Problemas intestinales

SÍNTOMAS	ALGUNAS DE LAS CAUSAS POSIBLES	MEDIDAS RECOMENDADAS
El perro come bien, pero está delgado. Como arriba, defecaciones abundantes y de color claro, puede que el perro se coma sus heces.	Lombrices intestinales. Insuficiencia pancreática exocrina.	Tratamiento para las lombrices (ver pp. 85-90). Lleve el perro al veterinario.
Salivación o babeos, sin otros síntomas.	Inflamación del intestino. Causas varias, que resultan en inflamación del intestino y disminución de la capacidad para absorber los nutrientes. También puede existir una superproducción bacteriana (proliferación anormal de ciertas bacterias).	Lleve el perro al veterinario.
El perro come excesivamente, puede que coma alimentos que no comía hasta entonces.	Insuficiencia pancreática exocrina. Síndrome de mala absorción (incapacidad para absorber los nutrientes adecuadamente). Anemia.	Lleve el perro al veterinario en todos los casos.
Flatulencia.	Generalmente a causa de la dieta, pero también asociado a la edad avanzada. Más habitual en ciertas razas.	La dieta debe ser muy digestiva, baja en fibra, con un nivel de proteínas moderado, libre de soja y trigo.
Pérdida de peso crónico a pesar del apetito o normal o incluso mayor de lo normal.	Lombrices. Tumor en el intestino. Síndrome de mala absorción.	Lleve el perro al veterinario para confirmar las causas.
Como arriba, vómitos intermitentes y/o diarrea. Como arriba, aumento de las heces, que son oscuras y de poca consistencia.	Inflamación del páncreas (ver arriba). Insuficiencia pancreática exocrina.	Lleve el perro al veterinario. Lleve el perro al veterinario.
Vómitos, el perro no come.	Inflamación del intestino (ver arriba). Presencia de cuerpo extraño. Estreñimiento agudo.	Lleve el perro al veterinario en todos los casos.
El perro adopta una postura encorvada.	Dolor abdominal. Estreñimiento agudo.	Lleve el perro al veterinario en ambos casos.
Aunque puede defecar, le cuesta mucho; heces duras, ausencia de vómitos.	Estreñimiento leve, común en perros ancianos.	Déle parafina medicinal (una cucharadita o una cucharada sopera, según el tamaño del perro). Si el perro no logra defecar después de ocho horas, llévelo al veterinario.
El perro hace mucho esfuerzo sin apenas poder defecar, deprimido, posibles vómitos.	Estreñimiento agudo. La inflamación de la próstata obstruye el paso de las heces.	Lleve el perro al veterinario para poder diagnosticar la causa.

Problemas intestinales *(continuación)*

SÍNTOMAS	ALGUNAS DE LAS CAUSAS POSIBLES	MEDIDAS RECOMENDADAS
Esfuerzo continuo, inflamación del ano.	Hernia perineal.	Lleve el perro al veterinario. Es preciso intervenir quirúrgicamente.
Dolor al defecar, el perro anda arrastrando el trasero, el perro se vuelve para mirar o lamerse el trasero. Pueden aparecer secreciones purulentas.	Obstrucción de la glándula anal, inflamación o absceso.	Lleve el perro al veterinario. El tratamiento puede incluir un lavado de las glándulas afectadas y antibióticos.
Estrías de sangre en las heces.	Colitis (inflamación del colon). Tumor. Abscesos en las glándulas anales.	Lleve el perro al veterinario en todos los casos.
Diarrea, heces sin sangre. El perro se muestra alegre y alerta. No hay vómitos.	Intolerancia a algún alimento. Enteritis bacteriana leve.	Durante el primer día dé sólo agua al perro; el segundo, dieta suave, si la diarrea desaparece, introduzca gradualmente la dieta normal. Si la diarrea continua, consulte con el veterinario.
Diarrea intermitente, pueden existir lombrices en las heces.	Ascárides.	Tratamiento para ascárides (ver pp. 85-86)
Diarrea frecuente y persistente. El perro se muestra vivo y alegre.	Giardiasis (infección Giardia) Coccidiosis.	Lleve el perro al veterinario en ambos casos.
Diarrea frecuente, pueden aparecer estrías de sangre, el perro se muestra deprimido, puede existir dolor abdominal.	Enteritis bacteriana (por ej., *Leptospira haemorrhagiae*) o viral (p. ej., parvovirus canino, distemper canino, hepatitis infecciosa canina. Ver pp. 81-83). Inflamación del intestino (ver arriba) Síndrome de mala absorción (incapacidad para absorber los nutrientes). Colitis. Tumor.	Lleve el perro al veterinario en todos los casos.

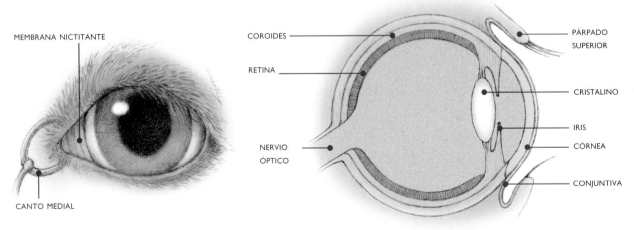

MEMBRANA NICTITANTE

CANTO MEDIAL

COROIDES

RETINA

NERVIO ÓPTICO

PÁRPADO SUPERIOR

CRISTALINO

IRIS

CÓRNEA

CONJUNTIVA

Aunque similar al ojo humano, el perro tiene un mayor número de células sensitivas a la luz, así como una membrana nictitante, como el gato.

Problemas endocrinos

SÍNTOMAS	ALGUNAS DE LAS CAUSAS POSIBLES	MEDIDAS RECOMENDADAS
Crecimiento abdominal, sed excesiva, pérdida del pelo localizada, cambios en la pigmentación.	Hiperadrenocorticismo o síndrome de Cushing (producción excesiva de las gándulas suprarrenales).	Lleve el perro al veterinario.
Apatía, inapetencia, pueden existir vómitos, pérdida de peso, hembra de mediana edad.	Hipoadrenocorticismo o enfermedad de Addison (producción incorrecta de las glándulas suprarrenales).	Lleve el perro al veterinario.
Perro joven, crecimiento deficitario.	Hipotiroidismo (ausencia de las hormonas tiroides).	Lleve el perro al veterinario.
Perro anciano, apatía, obesidad, intolerancia al frío, deficiencias en el crecimiento del pelo.		
Inflamación del cuello, hiperactividad, apetito voraz, sed excesiva, mayor producción de orina, jadeos.	Hipertiroidismo (exceso de las hormonas tiroides).	Lleve el perro al veterinario.

Problemas oculares

SÍNTOMAS	ALGUNAS DE LAS CAUSAS POSIBLES	MEDIDAS RECOMENDADAS
El perro evita la luz, parpadeos.	Varias.	Lleve el perro al veterinario.
Movimiento rotatorio de los ojos, secreción líquida.	Exposición al viento, polvo, sol; alergia u obstrucción del canal de los lacrimales (algunos perros nacen con esta obstrucción).	Lave los ojos con agua fría previamente hervida o con solución oftálmica. Si no mejor, lleve el perro al veterinario.
Como arriba, parpadeo brusco de los ojos, párpados inflamados, se rasca la cara. Movimiento rotatorio de los ojos, secreción líquida, conjuntivitis.	Urticaria (alergia grave a las avispas u otros alérgenos). El perro se frota los ojos (triquiasis o distriquiasis). Entropión (párpado inferior hacia dentro).	Lleve el perro al veterinario en todos los casos.
Como arriba. El perro tose. Movimiento rotatorio de los ojos, secreción líquida o purulenta, estrías en la parte inferior del párpado, conjuntivitis aguda. Movimiento rotatorio de los ojos, secreción purulenta, ojos inflamados, el perro se frota los ojos. Como arriba, pérdida del pelo alrededor de los ojos o sólo en un ojo.	Tos de las perreras. Ectropión (párpado inferior hacia fuera). Conjuntivitis bacteriana o vírica. Distemper canino. Hepatitis infecciosa canina. Infección *Demodex*. Cuerpo extraño en el interior del ojo o alguna herida.	Lleve el perro al veterinario en todos los casos.
Secreción viscosa y purulenta. Sequedad de los ojos. Conjuntivitis.	Sequedad ocular (queratoconjuntivitis sicca)	Lleve el perro al veterinario.
Aparición de tejido en la córnea, posible oscurecimiento de la córnea.	Pannus.	Lleve el perro al veterinario.
Blanquecimiento de los ojos, la visión del perro se ve afectada.	Formación de cataratas.	Lleve el perro al veterinario.

Problemas oculares *(continuación)*

SÍNTOMAS	ALGUNAS DE LAS CAUSAS POSIBLES	MEDIDAS RECOMENDADAS
El perro parece volverse ciego, sin otros síntomas.	Degeneración de la retina. Atrofia progresiva de la retina (hereditario). Ojo Collie (congénito).	Lleve el perro al veterinario en todos los casos.
Protuberancias rojas en la córnea, perro joven. Habitual en los Bulldog.	«Ojo de cereza». Prominencia excesiva de la membrana del tercer párpado.	Es preciso intervenir quirúrgicamente. Lleve el perro al veterinario.
Aparece el crecimiento de pelo en la córnea, conjuntiva o párpados.	Dermoideo ocular (crecimiento).	Lleve el perro al veterinario. Es preciso intervenir quirúrgicamente.
Pequeño crecimiento del párpado superior o inferior.	Granuloma periocular.	Puede que sea preciso intervenir quirúrgicamente. Lleve el perro al veterinario.
El perro cierra un ojo, puede que evite la luz, aparente dolor, lagrimeo.	Inflamación interna del ojo (uveítis).	Lleve el perro al veterinario.
Como arriba, línea blanca o mancha en la superficie del ojo, dolor, lagrimeo.	Úlcera de la córnea. A menudo, es el resultado del arañazo de un gato.	Lleve el perro al veterinario.
Se ve el tercer párpado.	Lesión del nervio.	Lleve el perro al veterinario.
El perro presiona la cabeza contra los objetos (signo de dolor de cabeza), el ojo aparece abultado, el perro evita la luz.	Glaucoma (inflamación del globo ocular debido a la acumulación de fluidos que aumentan la presión).	Lleve el perro al veterinario.

Problemas hepáticos, del bazo o páncreas

SÍNTOMAS	ALGUNAS DE LAS CAUSAS POSIBLES	MEDIDAS RECOMENDADAS
Abdomen dilatado, con o sin icteria.	Tumor en el hígado.	Lleve el perro al veterinario.
Abdomen dilatado, sed excesiva, encías pálidas, apatía.	Tumor en el bazo que causa hemorragia interna.	Lleve el perro al veterinario.
Vómitos, ictericia, orina oscura, puede aparecer dolor abdominal, poco apetito.	Obstrucción del conducto biliar (cálculos o arenilla vesicales, inflamación, infección).	Lleve el perro al veterinario en ambos casos.
Vómitos, diarreas, ictericia, presencia de sangre en la orina.	Leptospirosis (ver p. 83).	Lleve el perro al veterinario.
Palidez, apatía, fiebre, diarrea con estrías de sangre.	Hepatitis Infecciosa Canina (ver p. 82).	Lleve el perro al veterinario.
Vómitos persistentes y abundantes, fiebre, dolor abdominal.	Pancreatitis, puede que existan secreciones de las encimas digestivas del páncreas en el tejido pancreático, que causan inflamación aguda y destrucción de los tejidos. Puede causar lesiones y muerte. Si el animal se recupera, podría sufrir disfunción crónica del páncreas.	Lleve el perro al veterinario.

Problemas hepáticos, del bazo o páncreas *(continuación)*

SÍNTOMAS	ALGUNAS DE LAS CAUSAS POSIBLES	MEDIDAS RECOMENDADAS
Pelaje seco y con caspa, pérdida de peso; heces abundantes, claras, blandas, de color claro y de hedor fuerte; coprofagía (el perro come sus propias heces).	Insuficiencia pancreática exocrina. Se pierde parte o la totalidad del páncreas que secreta encimas. Digestión difícil, especialmente de las grasas. Las heces contienen mucho líquido o comida no digerida. La deficiencia de ácidos grasos es la causa de caspa y desecación del pelaje. Esta insuficiencia del páncreas suele ser congénita, pudiendo aparecer en la última etapa de la vida (frecuente en el Pastor alemán).	Consulte con el veterinario, quien examinará una muestra de las heces del perro. El tratamiento habitual consiste en encimas, principalmente tripsina administrada en pastillas o polvo; así como una dieta que aporte vitaminas extra y grasas de fácil digestión (alazor o coco).
Sed excesiva, hambre, puede aparecer hinchazón abdominal, apatía, pérdida de peso.	Diabetes mellitus. Cuando el páncreas no produce suficiente insulina, el resultado es la diabetes mellitus. Aumentan los niveles de glucosa en la sangre (sobre todo después de las comidas). Esto provoca la aparición de glucosa en los riñones que desemboca en la orina, llevándose agua. Las razas propensas a la diabetes son el Dachsund (Teckel), King Charles Spaniel, Poodle (todos los tipos) y el Terrier escocés.	Lleve a su perro al veterinario para un examen total que incluya análisis de sangre y orina. Los casos leves pueden controlarse con una dieta específica. En muchos casos, la diabetes mellitus sólo se puede controlar con inyecciones periódicas de insulina, que pueden administrarse en casa. Se puede presentar un coma hipoglucémico en un perro que reciba inyecciones de insulina si realiza mucha actividad física o se deja transcurrir mucho tiempo entre las comidas. Los niveles incorrectos de insulina en la sangre disminuyen con las inyecciones de insulina, lo que puede dar lugar a un desmayo, coma o convulsiones. Tratamiento: dé glucosa o miel al perro (téngalas siempre a mano para posibles casos de emergencia).

Problemas del sistema nervioso

SÍNTOMAS	ALGUNAS DE LAS CAUSAS POSIBLES	MEDIDAS RECOMENDADAS
Pérdida del equilibrio, mala coordinación.	Infección del oído medio. Enfermedad vestibular (infección, inflamación o tumor que afecta al vestíbulo del oído). Tumor cerebral. Enfermedad del cerebelo.	Lleve el perro al veterinario en todos los casos.
Ataques o convulsiones.	Epilepsia (más habitual en perros menores de tres años). Envenenamiento (ver pp. 48-49). Tumor cerebral.	Lleve el perro al veterinario en todos los casos.

Problemas del sistema nervioso *(continuación)*

SÍNTOMAS	ALGUNAS DE LAS CAUSAS POSIBLES	MEDIDAS RECOMENDADAS
Ataques, convulsiones, presión en la cabeza, dolor de cabeza.	Reacción inflamatoria del encéfalo (encefalitis). Ídem de las membranas del encéfalo (meningitis)	TOME MEDIDAS URGENTEMENTE. Lleve el perro al veterinario.
Desmayo, membrana del 3.er párpado visible, rigidez en extremidades, cola tiesa, contracción facial.	Infección del tétano.	Lleve el perro al veterinario.
Salivación, quizás otros signos. Salivación, cambios en el comportamiento.	Envenenamiento (ver pp. 48-49). Rabia (ver pp. 83-84).	Lleve el perro al veterinario.
Posición de la cabeza anormal (p. ej., ladeada), movimiento rápido y lateral de los ojos.	Enfermedad del oído interno. Enfermedad vestibular (infección, inflamación o tumor que afecta al vestíbulo del oído). Tumor cerebral.	Lleve el perro al veterinario.
Como arriba, perro anciano.	Síndrome vestibular del perro anciano (enfermedad que afecta al vestíbulo del oído).	Lleve el perro al veterinario.
Andar vacilante, caspa en las patas, dificultad para mantener el equilibrio, sobre todo después de realizar ejercicio (habitual en Bassests, Doberman, Gran Danés).	Síndrome Wobbler (espondilosis cervical). Debido a la deformación de una o más vértebras cervicales que oprimen la médula espinal.	El tratamiento puede resultar efectivo si se comienza a tiempo; de otro modo, el diagnóstico es difícil.
Reluctante a mover la cabeza, dolor agudo en el cuello.	Protuberancia en disco cervical.	Lleve el perro al veterinario.
Inmovilidad de las patas traseras, presencia o no de dolor.	Protuberancia en disco de la zona torácica o lumbar.	Lleve el perro al veterinario.
Debilidad o desvanecimiento después del ejercicio.	Miastenia grave (trastorno neuromuscular).	Lleve el perro al veterinario.
Desvanecimiento brusco, el animal anda en círculos, parálisis parcial, párpados semicerrados, movimiento lateral rápido de los ojos).	Ictus.	Lleve el perro al veterinario.

Qué hacer si su perro cojea

Aunque la mayoría de las lesiones precisarán atención veterinaria, usted puede tratar algunas. El siguiente protocolo le resultará de gran ayuda para poder detectar qué zona de las extremidades está afectada y así poder tener una idea acerca del posible problema.

Si la causa no aparece obvia, examine la zona afectada con suavidad para poder encontrar alguna posible herida. En primer lugar, examine las almohadillas de las patas por si hubiera alguna herida como un corte o espina clavada. Si no se observa nada, presione suavemente una almohadilla y después la otra para detectar zonas de dolor. A continuación, recorra toda la pata desde los dedos hasta el extremo superior, presionando con suavidad para observar si hay alguna repuesta por parte del perro. Si presiona una zona afectada, causará dolor y el perro reaccionará. Para detectar dolor en las articulaciones, manipule una a una las articulaciones.

Ante cualquier duda acerca de la posible causa o qué hacer, contacte con el veterinario.

Problemas óseos, musculares y de las articulaciones

SÍNTOMAS	ALGUNAS DE LAS CAUSAS POSIBLES	MEDIDAS RECOMENDADAS
Cojera leve de una extremidad, ligero dolor en la articulación al flexionar o estirar la pata.	Esguince (lesión leve en un ligamiento o cartílago de la articulación).	Aplique una compresa de agua fría, después vende la extremidad. Un esguince grave puede desembocar en artritis; de modo que si no hay mejoría en 24 horas o ante cualquier duda, consulte con el veterinario.
Cojera persistente después de realizar ejercicio, no hay molestias por el peso sobre la zona afectada.	Tirón muscular.	Dos días de reposo. Un masaje suave puede ayudar. Si no hay mejoría, lleve a su perro al veterinario.
Cojera súbita, el perro chilla al tocarle el pie, puede que se observe sangre en las uñas.	Uñas rotas.	Lleve el perro al veterinario para arreglar las uñas y administrar antibióticos.
Cojera súbita, el perro no quiere andar por superficies duras, el perro ha realizado ejercicio prolongado en zonas pavimentadas.	Almohadillas de las patas desolladas.	Evitar el ejercicio en superficies duras. Aplicar lanolina en las zonas afectadas. Aplicar aerosol específico para reforzar las patas.
Cojera súbita, patas sangrantes.	Cortes en las almohadillas de las patas.	Si son superficiales, baños con solución salina o cetrimida (disolución de 1:20). Evite que el perro ande por superficies duras durante dos semanas. Si se trata de cortes profundos, lleve el perro al veterinario para que aplique puntos de sutura.
Cojera súbita o dolor agudo después de ejercicio vigoroso, temblores musculares, el perro prefiere estar quieto, es posible que se queje.	Miositis. Inflamación de los músculos con dolor agudo, hinchazón y dificultad para moverse. Generalmente aparecen calambres causadas por la producción de ácido láctico en los músculos después de ejercicio vigoroso seguido de enfriamiento (por ejemplo, al saltar en agua fría). Algunas veces afecta a los músculos de las patas traseras de los galgos durante una carrera.	Masaje en la extremidad afectada y evitar el frío. Si el dolor persiste, consulte con el veterinario.
Parecido a lo descrito arriba, ocurre con el Cairn terrier o Terrier escocés. El perro anda con pasos cortos y bruscos. Los músculos de las patas delanteras y el cuello pueden verse afectados, lo que hace que el perro no pueda moverse.	«Calambre del terrier».	Reposo. Generalmente, desaparece después de unos minutos. Consulte con el veterinario.
Inflamación de los músculos de la mandíbula, el perro no puede cerrar la boca y tiene dificultad para comer.	Miositis eosinofílica. Habitual en el Pastor alemán. Afecta a los músculos de la mandíbula necesarios para comer. Al principio es particularmente fuerte. Los ataques duran de una a tres semanas con una frecuencia de entre tres semanas y seis meses. Disminuye la gravedad de los ataques, pero aparecen con más frecuencia. Con los ataques sucesivos, los músculos se atrofian.	Consulte con el veterinario. Se trata de una enfermedad progresiva y dolorosa para la que no se ha encontrado ninguna cura aunque los analgésicos y antiinflamatorios pueden paliar los efectos del ataque.

Problemas óseos, musculares y de las articulaciones *(continuación)*

SÍNTOMAS	ALGUNAS DE LAS CAUSAS POSIBLES	MEDIDAS RECOMENDADAS
Cojera súbita en una de las patas delanteras después de ejercicio vigoroso; el perro puede apoyar la pata en el suelo, pero no soporta peso encima de la zona afectada.	Ruptura del ligamento anterior de la articulación de la rodilla. Una lesión bastante frecuente que aparece después de un resbalón o accidente similar. Algunos perros son más susceptibles a padecer este tipo de lesión debido a su estructura ósea.	Lleve el perro al veterinario, puesto que es muy probable que sea preciso intervenir quirúrgicamente.
Cojera súbita, el perro arrastra una de las patas traseras y aúlla.	Dislocación de la rótula.	Lleve el perro al veterinario.
Cojera súbita, el perro dobla una de las patas traseras, dolor.	Dislocación de la cadera.	
Cojera súbita después de un accidente o caída, inflamación, dolor, puede que el perro aúlle.	Fractura ósea.	Lleve el perro al veterinario.
Cojera súbita, inflamación del tejido de la pierna.	Herida de picadura.	Lleve el perro al veterinario. La herida podría formar un absceso.
El perro anda con las articulaciones Andar a saltitos, perro joven.	Displasia de la cadera. Puede ser congénita o hereditaria. La cabeza del fémur no encaja en la cavidad cotiloidea, por lo que la articulación podría verse afectada. El Pastor alemán y el Labrador son más propensos. En algunos países se realizan radiografías a los perros de crianza para poder detectar la displasia de cadera.	Lleve el perro al veterinario. Es doloroso y sólo puede curarse con intervención quirúrgica.
Parálisis súbita de una pata trasera, generalmente doloroso.	Protuberancia intervertebral de un disco de la zona torácica o lumbar.	Solicite visita médica en casa. Si no, aplique una tablilla para que el perro no pueda mover la extremidad y llévelo al veterinario.
Dificultad al tumbarse o incorporarse, la actividad ayuda a disminuir la rigidez. Dificultad al mantener la postura adecuada para orinar.	Artritis (enfermedad degenerativa de las articulaciones). Espondilosis (degeneración que resulta de la disposición de más masa ósea en zonas intervertebrales).	Lleve el perro al veterinario. Lleve el perro al veterinario.
Dificultad al tumbarse o incorporarse, depresión, no se observa mejoría con el ejercicio, inapetencia.	Espondilitis (infección ósea de una o más vértebras). Cáncer de huesos, generalmente como consecuencia de la extensión del cáncer de próstata.	Lleve el perro al veterinario. Lleve el perro al veterinario.
Inflamación de una o más articulaciones, depresión, a veces inapetencia, cojera y apatía.	Artritis (infecciosa o de origen autoinmune).	Lleve el perro al veterinario.

Problemas óseos, musculares y de las articulaciones *(continuación)*

SÍNTOMAS	ALGUNAS DE LAS CAUSAS POSIBLES	MEDIDAS RECOMENDADAS
Inflamación y rigidez de las articulaciones, que aumenta con el tiempo. Perro de tamaño grande.	Cáncer de huesos. Osteomielitis (infección ósea).	Lleve el perro al veterinario. Lleve el perro al veterinario.
Cojera aguda de las extremidades delanteras, dolor en el cuello, al perro le cuesta mover la cabeza.	Protuberancia en un disco cervical.	Lleve el perro al veterinario.
Cojera crónica que en las razas grandes (Pastor alemán o Labrador Retriever) afecta a una de las patas delanteras.	Displasia del codo (hereditario). Artritis (enfermedad degenerativa de las articulaciones).	Lleve el perro al veterinario.

Algunos de los problemas cutáneos más comunes

SÍNTOMAS	ALGUNAS DE LAS CAUSAS POSIBLES	MEDIDAS RECOMENDADAS
Caspa, escamillas blancuzcas en el pelaje.	Infección por *Cheyletiella* (ácaros). (Ver pp. 93-94).	Consulte con el veterinario para tratamiento antiparasitario.
Costras blancas o caspa en la piel, sobre todo alrededor de la cabeza y hombros. Se observan pequeños insectos de color verde claro.	Piojos (ver p. 93).	Como arriba.
Pérdida de pelo en zonas localizadas, no hay irritación, el pelo no se quiebra.	Desequilibrio hormonal.	Consulte con el veterinario.
Zonas no localizadas con ausencia de pelo, no hay irritación, el pelo no se quiebra.	Excesiva o prolongada muda del pelaje. Deficiencias de ácidos grasos en la dieta.	Lleve el perro al veterinario.
Pérdida de pelo en zonas diversas, el pelo se quiebra, el perro presenta un acto reflejo de rascarse cuando se le acaricia.	Autolesión por rascarse, probablemente como reacción alérgica.	Lleve el perro al veterinario para diagnosticar la causa.
Pérdida de pelo alrededor de los ojos y posiblemente otras zonas del cuerpo. Puede aparecer prurito. Puede que existan pústulas.	Sarna demodécica.	Lleve el perro al veterinario.
Pérdida del pelo en zonas de la piel hinchadas y rosadas. No hay prurito.	Tiña (infección fúngica).	Lleve el perro al veterinario.
El perro se rasca, piel enrojecida, grasa, con mal olor y pequeñas costras o caspa.	Infección.	Lleve el perro al veterinario.
El perro se rasca, se lame excesivamente.	Alergia a las pulgas, algún alimento o algo del ambiente en que se desenvuelve.	Si realiza un control antipiojos adecuado, lleve el perro al veterinario. Si no, tratamiento antipiojos (ver pp. 91-93).
El perro se rasca, mordisca sus patas, final del verano.	Ácaro de la cosecha / eritema otoñal *(Trombicula autumnalis).*	Consulte con el veterinario para un tratamiento antiparasitario.
El perro se rasca, mordisca; pérdida de pelo en los codos y las patas.	Sarna *(Sarcoptes scabel).*	Lleve el perro al veterinario.
El perro se rasca, se lame excesivamente, piel áspera en la parte baja del abdomen y parte interna de los muslos.	Alergia. Alergia a las pulgas.	Lleve el perro al veterinario.

Algunos de los problemas cutáneos más comunes *(continuación)*

SÍNTOMAS	ALGUNAS DE LAS CAUSAS POSIBLES	MEDIDAS RECOMENDADAS
El perro se rasca, mordisca, zona inflamada con pus, puede que sangre.	Hypoderma (infección bacteriana).	Lleve el perro al veterinario.
Bulto o inflamación subcutánea. No es doloroso.	Lipoma (tumor de grasa). Hematoma. Tumor cutáneo. Quiste seboso.	Lleve el perro al veterinario en todos los casos.
Bulto o inflamación subcutánea. Doloroso. Pueden existir secreciones.	Absceso.	Lleve el perro al veterinario.
Lesiones persistentes alrededor de la boca y patas (piel cuarteada), no hay prurito.	Enfermedad de origen autoinmune.	Lleve el perro al veterinario.

Algunos signos de problemas urinarios

SÍNTOMAS	ALGUNAS DE LAS CAUSAS POSIBLES	MEDIDAS RECOMENDADAS
Vómitos, dolor abdominal, mal aliento, orina con sangre.	Enfermedad grave de los riñones (nefritis).	TOME MEDIDAS URGENTEMENTE. Visite al veterinario inmediatamente.
Sed excesiva, mal aliento, puede que el perro orine excesivamente y con dificultad, presente llagas en la boca; pérdida de peso, anemia.	Enfermedad crónica de los riñones (nefritis) como consecuencia de una infección, degeneración crónica, tumor o defecto hereditario.	Anote la ingesta diaria de agua del perro. Recoja una muestra de orina en un recipiente esterilizado y llévela al veterinario para que lo analice.
Perro joven, crecimiento deficitario, sed excesiva, orina muy clara.	Enfermedad renal juvenil (hereditario).	Recoja una muestra de orina para llevar al veterinario.
Orina de olor fuerte, con o sin sangre, aumento de las micciones, el perro se lame frecuentemente los genitales.	Cistitis (inflamación de la vejiga) causada por una infección o cálculos.	Recoja una muestra de orina para llevar al veterinario.
Incontinencia urinaria. Como arriba, perro macho. Como arriba, perro anciano.	Incompetencia de los esfínteres causada por un problema hormonal o nervioso. Problema de próstata. Perro anciano.	Lleve el perro al veterinario en todos los casos.
Perro macho, dificultad para orinar, puede que el perro vomite.	Obstrucción de la uretra, posiblemente debido a cálculos o piedras en la vejiga.	TOME MEDIDAS URGENTEMENTE. Visite al veterinario inmediatamente.

Algunos signos de problemas sanguíneos y circulatorios

SÍNTOMAS	ALGUNAS DE LAS CAUSAS POSIBLES	MEDIDAS RECOMENDADAS
Excesiva intolerancia o apatía, debilidad, posibles jadeos al respirar. Cachorro o perro joven.	Malformación congénita que evita la distribución de la sangre por los pulmones (ductus u obstrucción de las arterias). Fallo en una válvula del corazón. La sangre vuelva a pasar por la válvula, lo que causa un soplo en el corazón.	Lleve el perro al veterinario en cualquiera de los casos.
Como arriba, cualquier edad.	Anemia.	
Tos.	Insuficiencia cardíaca (enfermedad cardíaca crónica). Tumor cardíaco. Gusano del corazón (ver pp. 89-90).	Lleve el perro al veterinario en cualquiera de los casos.
Respiración anormal.	Anemia. Congestión pulmonar causada por una malformación del corazón. Envenenamiento por ingesta de anticoagulantes.	Lleve el perro al veterinario en cualquiera de los casos.
Coloración blancuzca o azulada de las encías.	Disfunción cardíaca. Anemia hemolítica (destrucción anormal de los glóbulos rojos). Envenenamiento agudo. Coágulos en la sangre.	Lleve el perro al veterinario en cualquiera de los casos.
Ictericia (coloración amarillenta de las encías y ojos).	Anemia hemolítica (destrucción anormal de los glóbulos rojos). Infección secundaria del hígado.	Lleve el perro al veterinario en cualquiera de los casos.
Abdomen dilatado.	Acumulación de fluidos a causa de malfuncionamiento del corazón.	Lleve el perro al veterinario.

Dificultad al respirar

Si se observa dificultad respiratoria con movimiento abdominal, acuda al veterinario inmediatamente.

SE TRATA DE UNA EMERGENCIA

Problemas del sistema respiratorio

SÍNTOMAS	ALGUNAS DE LAS CAUSAS POSIBLES	MEDIDAS RECOMENDADAS
Estornudos, mucosidad líquida.	Infección vírica, alergia (p. ej., al polen), semilla o brizna de hierba en la nariz. Tumor.	Si es persistente, lleve el perro al veterinario.
Estornudos, mucosidad purulenta de uno o los dos orificios nasales.	Infección bacteriana o fúngica. Absceso molar.	Lleve el perro al veterinario.
Hocico seco y costroso.	Insuficiencia de zinc. Alergia (p. ej., al polen).	Lleve el perro al veterinario.
Hocico enrojecido e inflamado con algunas costras.	Quemaduras por el sol. Alergia (p. ej., al polen).	Si el hocico está enrojecido y seco, evite la exposición del perro al sol. Aplique protector solar. Si el problema no remite, lleve el perro al veterinario.

Problemas del sistema respiratorio (*continuación*)

SÍNTOMAS	ALGUNAS DE LAS CAUSAS POSIBLES	MEDIDAS RECOMENDADAS
Ruido al respirar. Raza de hocico romo (en particular, Cavallier King Charles Spaniel).	Velo del paladar demasiado desarrollado. Defecto congénito. El paladar se apoya sobre la laringe, interfiere en la respiración y es causa de ronquidos al respirar.	Lleve el perro al veterinario para examen.
Ruido al respirar. Cualquier raza. Podría aparecer un cambio en el tono del ladrido.	Problema en la laringe (laringitis).	Lleve el perro al veterinario.
Asfixia, desmayo, no hay respiración.	Velo del paladar demasiado desarrollado causando obstrucción completa para la respiración.	MEDIDA URGENTE. Abra la boca, con el cuello y cabeza extendidas, saque la lengua y presione suavemente el pecho para hacer que el perro respire.
Asfixia, desmayo. Cualquier raza.	Cuerpo extraño en la garganta que obstruye la respiración.	Intente extraer el motivo de la obstrucción. Acuda con urgencia al veterinario.
Respiración agitada.	Neumonía. Problema cardíaco. Asma alérgica. Envenenamiento (p. ej., por aspirina). Larvas de lombrices en los pulmones.	Lleve el perro al veterinario.
Como arriba, encías pálidas o blancas.	Hemorragia interna o externa. Envenenamiento (p. ej., por ingesta de algún anticoagulante).	TOME MEDIDAS URGENTEMENTE. Lleve el perro al veterinario.
Movimiento abdominal asociado con la respiración.	Hernia del diafragma (desgarro del diafragma como causa de un traumatismo). Neumotórax (aire en la caja torácica, generalmente después de un traumatismo). Hemotórax (sangre en la caja torácica) por anticoagulantes (veneno para ratas), envenenamiento. Lesión en las costillas o pulmones por lesión.	Lleve el perro al veterinario.
Hemorragia nasal.	Lesión grave.	En principio, coloque una bolsa de hielo (o de verduras congeladas) encima de la nariz. Si la hemorragia continúa, lleve el perro al veterinario.
	Cuerpo extraño en la nariz. Problema causado por coagulación. Envenenamiento con raticidas. Tumor.	Lleve el perro al veterinario en todos los casos.
Tos ocasional, no muy fuerte.	Traqueítis, alergia o problema cardíaco.	Lleve el perro al veterinario.
Deglución difícil que provoca tos, el perro ha tenido un accidente recientemente.	Neumotórax (aire en la caja torácica).	Lleve el perro al veterinario.
Tos frecuente, ladridos roncos.	Colapso traqueal.	Lleve el perro al veterinario. Generalmente, intervención quirúrgica.
Tos frecuente que deriva en vómitos, producción de espuma blanca.	Tos de las perreras o cuerpo extraño en la garganta.	Lleve el perro al veterinario.
Tos seca frecuente, mucosidad purulenta, el perro se muestra enfermo.	Distemper canino.	Lleve el perro al veterinario.

Fases y duración del ciclo estral

PROESTRO	ESTRO	METAESTRO	ANESTRO
Inflamación de la vulva con secreción de sangre. La hembra atrae al macho, pero no acepta el apareamiento.	La vulva aumenta de tamaño, flujo más amarillento. La hembra acepta ser cubierta. La ovulación comienza dos días después del estro.	Tiene lugar en la hembra que no ha sido apareada. Ausencia de signos externos. Aumento de la hormona responsable de mantener la gestación. En torno a las seis u ocho semanas de finalizar el estro la hembra puede mostrar signos de falso embarazo.	Inactividad sexual.
Etapa de duración variable. Promedio de nueve días.	Etapa de duración variable. Promedio de nueve días.	Etapa de duración variable. Promedio de noventa días.	Etapa de duración variable. Promedio de noventa días.

Algunos signos de problemas en los órganos genitales de la hembra

SÍNTOMAS	ALGUNAS DE LAS CAUSAS POSIBLES	MEDIDAS RECOMENDADAS
Secreción blanquecina de la vulva, cachorro.	Vaginitis del cachorro (inflamación leve de la vagina).	Generalmente, se cura por sí sola. Ante cualquier duda, consulte con el veterinario.
Secreción espesa, roja y persistente una vez finalizado el ciclo estral.	Quiste en los ovarios.	Lleve a la hembra al veterinario.
Sed excesiva, disminución del apetito, vómitos, abdomen dilatado, flujo, seis u ocho semanas después del ciclo estral.	Piometria (acumulación de fluidos en el útero). La causa podría ser un desequilibrio hormonal.	TOME MEDIDAS URGENTEMENTE. Lleve a la hembra al veterinario. Podría ser precisa la extracción del útero y los ovarios.
Aumento de las glándulas mamarias, sin dolor. Aumento de las glándulas mamarias, dolor, inflamación.	Tumor mamario. No siempre maligno. Mastitis.	Lleve a la hembra al veterinario en todos los casos.
Producción de leche sin embarazo. Puede que la hembra prepare un lecho y «adopte» algún juguete. Puede mostrarse inquieta.	Falso embarazo (pseudo embarazo). Ocurre aproximadamente en el 60% de hembras no esterilizadas. Pasado el primer pseudo embarazo, es probable que experimente otro después de cada ciclo estral.	Distraiga a la perra con juegos y ejercicio. Esconda los juguetes. Si persiste después de tres semanas, contacte con el veterinario. Podría necesitar tratamiento hormonal.
Apatía, pérdida del apetito, en una o dos semanas, parto. Puede aparecer flujo purulento.	Metritis (inflamación del útero).	Lleve a la perra al veterinario. Podría ser precisa la extracción del útero.

Problemas en los órganos genitales del macho

SÍNTOMAS	ALGUNAS DE LAS CAUSAS POSIBLES	MEDIDAS RECOMENDADAS
Secreción purulenta del pene.	Balanopostitis (infección bacteriana en el pene).	Limpie la zona diariamente con agua fría previamente hervida, utilizando bolitas de algodón. Si la secreción persiste después de cinco días, podría necesitar antibióticos.
Aumento de tamaño de los testículos. Puede existir pérdida de pelo localizada.	Tumor en los testículos.	Lleve el perro al veterinario para examen.
Micciones repetidas y súbitas, presencia de sangre en la orina, dificultad para defecar.	Problemas de próstata (tumor, abscesos, aumento). Habitual en perros ancianos.	Lleve el perro al veterinario para examen.

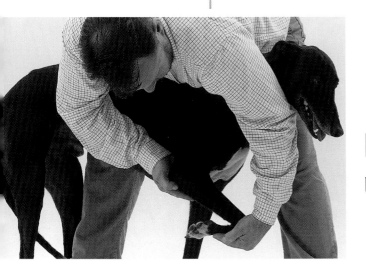

HACERSE MAYOR
Un retiro feliz

Al igual como ocurre con los humanos, el resultado de una mejor nutrición y mejores cuidados sanitarios se traduce en una media de vida superior. El espectro de vida puede variar en función de la raza, pero comparado con veinte años atrás la esperanza de vida de los perros domesticados ha aumentado.

Ahora existen más perros viejos entre la población canina que necesitan unos cuidados especiales, ya que con los años aparece el deterioro gradual de la salud. A pesar de que nada se puede hacer para parar el proceso de envejecimiento, es posible minimizar sus efectos.

Señales de una edad avanzada

Pelos grises y cambios en el pelaje: Uno de los primeros signos de la edad puede ser la aparición de pelos grises en la zona de alrededor del hocico y las cejas. No obstante, esto también puede pasarle a un perro de cinco años, por lo que no es un signo de especial significación.

Al llegar a la edad avanzada, el pelaje tiende a crecer, incluso en aquellas razas de pelaje corto. Las uñas crecen más rápido también, por lo que será preciso arreglarlas con más asiduidad.

Sueño profundo: Otra señal es que el perro empieza a dormir más y más profundamente. Es probable que un perro anciano se sobresalte si se le despierta bruscamente, e incluso algunos gruñen o muerden aunque se les despierte acariciándolos.

○ Proporcione a su perro una zona para dormir que sea tranquila y donde pueda sentirse cómodo y relajado.

○ Siempre que sea posible, mantenga a los otros animales de la casa alejados del perro.

Cambios en los patrones de la alimentación y bebida:

○ Pérdida del apetito, desgana o dificultad para comer. Esto último podría ser una señal de inflamación de las encías (gingivitis) o bien la caída de los dientes.

○ Aumento de la sed. Esto podría ser indicativo de una enfermedad renal incipiente u otro problema de salud (ver p. 110).

Es beneficioso adaptar la dieta del perro anciano a su edad, de fácil digestión y con un nivel bajo de proteínas para evitar esfuerzos a sus débiles riñones. El veterinario puede proporcionarle dietas terapéuticas específicas, además de aconsejarle realizar las revisiones médicas con mayor frecuencia e iniciar un programa rutinario de muestras de sangre como seguimiento de las funciones hepáticas y renales (ver pp. 104 y 110).

Problemas digestivos: Los síntomas incluyen vómitos, diarrea y estreñimiento. Algunos de los cambios importantes que se podrían incorporar en la dieta son:

○ Tres o cuatro comidas frugales diarias (al igual que los cachorros).

○ Huevos cocidos (la proteína más digestible).

○ Una dieta prescrita por el veterinario.

Cambios artríticos y osteoartritis: Los perros viejos o los que han dormido siempre en superficies duras

---

FOTO SUPERIOR: A medida que el perro envejece, pueden aparecer pelos grises alrededor del hocico o puede adolecer, como ocurre con su compañero el ser humano, de una rigidez en las rodillas a causa de la oestoartrosis.

o bien a la intemperie en climas fríos durante largos períodos son más susceptibles de acusar estos síntomas. Un primer signo es la rigidez al incorporarse o al levantarse por la mañana, la cual va desapareciendo al empezar a moverse. En casos más extremos, el perro puede tener dificultad para andar, debilidad en las patas traseras, torpeza de movimientos o síntomas dolorosos (ver pp. 96-97, *Dolor*). En cuanto observe cualquiera de estas señales, consulte con el veterinario para que le aconseje.

El tratamiento incluye:
- Medicación diaria antiinflamatoria libre de esteroides.
- Medicación que ayude a la producción del líquido localizado en las articulaciones.

- Remedios homeopáticos y naturópatas, como extracto de mejillón de Nueva Zelanda, cartílago de tiburón y remedios herbales naturales.

Disminución de la capacidad y control de la vejiga:
Uno de los primeros signos podría ser que el perro necesita levantarse para evacuar varias veces durante la noche. También empieza a perder el control de la vejiga, (incontinencia urinaria), por lo que es posible que aparezcan cercos de orina en la cama o lugar donde esté sentado o tumbado.

Para ayudarlo a que se mantenga limpio y cómodo, prepárele una cama especial: coloque un plástico en la cama y cúbralo con una primera capa gruesa de periódicos y una segunda de piel sintética o similar. La orina

ARRIBA: Si usted se muestra tolerante y empático hacia las nuevas necesidades de su perro anciano, éste disfrutará de una feliz y cómoda vejez.

drena a través de la capa más exterior para depositarse en los periódicos, dejando la parte superior de la cama seca. Es muy fácil y cómodo cambiar los papeles de periódico.

Estreñimiento: Los cambios resultantes de la artritis pueden hacer difícil para un perro anciano el adoptar la postura excretora normal. Contemple las siguientes medidas correctoras:

○ Aumente la fibra en la dieta, incluyendo salvado o galletas de salvado o bien verduras ralladas con una cucharada sopera de parafina médica lubricante.
○ Incorpore la dieta prescrita por el veterinario.

Sordera: Durante las primeras etapas, puede ser difícil de detectar, puesto que la mayoría de los perros se adaptan bastante bien. Esté atento a la aparición de las siguientes señales:

○ Aumento de los ladridos sin causa aparente. Esto puede ocurrir cuando el perro está tumbado o en su cama.
○ Ladridos distintos, generalmente más agudos.
○ El perro no acude cuando se le llama.

Puesto que el oído del perro ha empeorado, tendrá que tener especial cuidado para protegerlo de eventuales accidentes. Manténgalo cerca de usted durante los paseos y empiece a reemplazar las órdenes verbales por gestos o acciones físicas. Por ejemplo, en lugar de llamarlo, vaya a buscarlo usted mismo.

Pérdida de la vista: Durante las primeras etapas, podría ser difícil detectar el empeoramiento de la vista. Las últimas señales incluyen:

○ El globo ocular tiene un color azulado (la córnea está afectada).
○ El centro del ojo tiene un color blancuzco (cataratas).
○ Puede que el perro tropiece con los objetos, como los muebles, por ejemplo.
○ El perro se muestra reticente a salir de paseo si es de noche o el sol está alto.

Intente no incorporar cambios en la ubicación de los muebles y proteja al perro de los peligros domésticos. Un perro parcial o totalmente ciego puede llevar una vida bastante agradable si se encuentra en un entorno familiar acogedor.

Senilidad: Los signos son:

○ Desorientación.
○ Inquietud.
○ Aumento del interés por atraer su atención.
○ Aumento de la vocalización.

Actualmente se puede adquirir medicación para tratar la senilidad. Consulte a su veterinario.

Los cuidados de un perro anciano

Como ocurre con las personas, los perros tienen buenos y malos días. Tendrá que adaptarse, ser tolerante y empático con las necesidades de su perro. A medida que la situación progrese, probablemente sea preciso el tratamiento médico con una mayor implicación del veterinario.

Para reducir el estrés de su perro anciano, facilítele un saco de dormir de poliéster o una manta de piel de cordero para que pueda dormir confortablemente. Para proporcionarle calor, coloque una almohadilla caliente en la cama del animal. Evite que se tumbe en superficies rugosas ásperas, ya que un perro anciano pasa mucho tiempo tumbado, por lo que es fácil que le salgan callosidades en los codillos, las cuales pueden inflamarse, causar dolor e incluso ulcerarse.

Otros consejos:

○ Ponga mantas o alfombras en la zona donde su perro suele tumbarse y tenga en cuenta que no debería ser un lugar húmedo ni demasiado expuesto al sol.
○ Evite que su perro permanezca en el exterior cuando haga mucho calor o frío.
○ Póngale un abrigo para perros, incluso en zonas de interior.
○ Anticípese a las situaciones que podrían representar un peligro de caída para su perro, por ejemplo: ponga barreras en el paso a las escaleras o escalones; tome las precauciones para que no pueda caer por la terraza.

ARRIBA: Los problemas de los músculos y el esqueleto son habituales en edad avanzada, por lo que las prácticas quiroprácticas pueden ser beneficiosas para algunos perros.

- Masajee las extremidades del perro para mejorar la movilidad.
- Permítale que haga sólo el ejercicio que él quiera, más que imponerle el ejercicio que usted crea necesario. Debido a que los sentidos de la vista y el olfato del perro empeoran, podría fácilmente desorientarse, por lo que es recomendable que usted permanezca cerca cuando el animal pasee sin correa.

Si su perro anciano pierde el apetito, sírvale las comidas un poco templadas o añada algún ingrediente más sabroso. Adapte la cantidad de comida al nivel de actividad del perro. A medida que el perro realiza menos ejercicio, tiende a coger peso. Un perro con sobrepeso es más propenso a las enfermedades cardíacas u otro tipo de problemas de salud. Consulte con el veterinario acerca de las dietas diseñadas específicamente para las diferentes circunstancias sanitarias (ver p. 40, *Nutrición*).

Controle la cantidad de agua que bebe su perro. Si le parece que ha aumentado, consulte con el veterinario. El seguimiento de las vacunas de recuerdo debe ser actualizado, son precisas las revisiones de dientes y encías, así como el vaciado de sacos paranales. Son aconsejables los análisis de sangre rutinarios como parte de los cuidados sanitarios.

Pensar en el relevo

A medida que su perro envejece, puede que usted piense en adquirir uno más joven. Esto conllevará que usted invierta un tiempo adicional para lograr la plena integración de los dos animales, aunque también podría representar un período de transición que puede ayudarle a enfrentarse con la pérdida inminente de un viejo amigo (ver p. 66, *Problemas de comportamiento habituales*).

Por otro lado, es posible que decida esperar. Puede que sea más que suficiente cuidar de un perro viejo, sin tener que emplear su tiempo en los cuidados de un perro joven que necesitará mucha atención y adiestramiento.

Si tiene alguna duda al respecto, consulte con el veterinario o las enfermeras de la clínica veterinaria.

Los últimos días

Esta puede ser la etapa más difícil de la relación con su perro, aunque también la más gratificante por diversos motivos. Representa una última oportunidad para devolver el amor y la devoción que su perro le ha ofrecido durante el tiempo que han pasado juntos. Si usted sabe qué puede sobrevenir durante esta última etapa, será más fácil hallar la fuerza interior que le ayude a enfrentarse a los acontecimientos.

Su perro necesitará más y más de su protección a medida que aumente su vulnerabilidad. El contacto físico, por el afecto que transmite, será muy importante. Arrulle y acaricie a su perro tanto como este lo necesite, para demostrarle que usted está con él para cuidarlo.

La decisión

En ocasiones, el destino decide por usted. La muerte puede acontecer súbitamente, como alivio del dolor y el sufrimiento, para acabar con una vida sin alegría.

ARRIBA: La aparición de cataratas (enfermedad ocular caracterizada por la aparición de una película blanca en el centro del ojo) es habitual durante la vejez, aunque la mayoría de los perros se adaptan bien. Una intervención quirúrgica suele ser una buena opción en estos casos.

Sin embargo, en la mayoría de los casos no acontece esta solución natural. Usted, en calidad de dueño, es el único que puede autorizar la eutanasia.

Decidirse puede resultarle fácil o quizás muy difícil. Como espectadores, contemplamos escenas de muerte miles de veces en la televisión, videos y películas, pero la nuestra es una sociedad incapaz de enfrentarse a la realidad de morir.

Si existen niños en la familia, hable de esta situación con ellos y anímelos a que expresen sus sentimientos al respecto. Descúbrales los aspectos positivos de tener un perro e intente que comprendan que, por muchos que sean los cuidados que les proporcionemos, la esperanza vida de un perro es mucho menor que la nuestra.

El factor más decisivo debe ser aquello que sea mejor para el perro, no para usted o su familia. Probablemente, para la decisión final usted contará con los valiosos consejos y asesoramiento del veterinario. Los veterinarios y personal clínico comprenderán su dolor y sentimiento de pérdida, además de saber cómo acabar con el sufrimiento de su perro de la forma más humana.

La etapa de duelo: El dolor es una reacción humana natural frente a la muerte de un ser o animal querido. Mientras que nuestra sociedad reconoce la necesidad de expresar este dolor cuando se trata de personas, carece del mismo tipo de comprensión cuando se trata de la pérdida de un animal de compañía. Esta es una circunstancia en proceso de cambio, ya que cada vez conocemos más acerca del vínculo que se establece entre los humanos y sus com-

pañeros los animales. Se observan cinco etapas en el proceso de la etapa de duelo.

1. Negación y depresión

Al enfrentarse al hecho de que su perro está llegando al final de su vida, es muy probable que usted se sienta deprimido. Este suele ser un sentimiento subconsciente y difícilmente reconocible por parte de sus allegados.

Puede que usted se diga a sí mismo que el veterinario se ha equivocado, o bien que las circunstancias no son tan lúgubres como parecen. Esta es una reacción mental que actúa de amortiguador para con la tensión emocional que usted experimenta.

2. Regateo

Durante la etapa humana del duelo, el regateo implica el ofrecimiento de algún sacrificio personal si el ser querido no nos abandona. Es menos probable que ocurra con su animal de compañía, pero aun así puede que se encuentre diciéndose cosas como: «si mejoras, prometo llevarte a tu parque favorito».

3. Dolor y rabia

El dolor emocional despierta un sentimiento de rabia que podría proyectar hacia otra persona, como puede ser un familiar o incluso el veterinario. Esto es de gran ayuda para aliviar su propia frustración, aunque sea a costa de otra persona. La rabia podría ir dirigida contra usted mismo; es decir; exteriorizándola como un sentimiento de culpa: «Si yo hubiera...».

Es durante esta etapa cuando el apoyo del veterinario puede ser de gran ayuda. Los sentimientos negativos no son constructivos, por lo que necesitan ser remplazados por los de tipo positivo, como: «Me siento tan orgulloso por haber...».

4. Duelo

Llegados a esta etapa, la rabia y la culpa han desaparecido. Usted ahora se enfrenta a la sombría realidad de la muerte de su perro. Lo único que queda es un sentimiento de vacío y ausencia. Cuanto menos apoyo reciba durante esta etapa, por más tiempo albergará este sentimiento.

Si no encuentra el apoyo necesario en sus familiares o amigos, búsquelo en otros, como pueden ser el veterinario, el profesional de la funeraria, o bien recurra al asesoramiento de un profesional.

5. La aceptación y la resolución

Le llevará tiempo, un promedio de tres o cuatro meses, pero finalmente el duelo llegará a su fin. Los recuerdos tiernos reemplazarán al duelo, así como el agradecimiento ocupará el lugar de la pérdida. Incluso podría ser que adquiriera un nuevo animal de compañía como acto de celebración.

ARRIBA: Un retrato de un perro puede conmemorar la muerte de un cachorro muy querido, como muestra esta pintura antigua de un Affenpinscher.

La vida de nuestros animales de compañía es mucho más corta que la nuestra, por lo que un dueño puede sufrir la pérdida de un animal querido al menos cinco veces durante su vida. Cada vez que esto ocurra, el dueño experimentará el duelo. No es más fácil porque se repita, ya que cada animal es único y el duelo que el dueño experimenta también lo es.

No obstante, si usted conoce las distintas fases de la etapa del duelo, cómo pueden ayudarle sus familiares, veterinario y amigos, logrará superar la pérdida con el mínimo de dolor y el máximo de amor.

El procedimiento: El procedimiento de la eutanasia es similar al que se lleva a cabo cuando es preciso anestesiar al perro para una intervención quirúrgica; la única diferencia es que se inyecta una sobredosis. No existe dolor y el perro pierde por completo la conciencia pasados de tres a cinco segundos.

Puede que desee estar presente durante el procedimiento. Acaricie suavemente la cabeza de su perro mientras se le inyecta la dosis y permanezca junto a él por unos instantes después de que todo haya terminado. También podría ser que usted prefiera no ser testigo del procedimiento, sino ofrecerle su último adiós una vez haya pasado todo. La elección está en su mano.

Llegados a este punto, es muy probable que usted se vea invadido por un abrumador sentimiento de pérdida. No tenga miedo de expresarlo. Tanto el veterinario como el personal que haya asistido a la intervención comprenderán que se trata de una reacción natural.

Entierro o cremación: Si lo desea, el veterinario le brindará su ayuda para decidir qué hacer a continuación.

No son habituales los cementerios para los animales de compañía; así que, en el caso de que usted carezca de una zona adecuada, puede decidirse por comprar una sepultura en un cementerio para animales de compañía. Los precios varían, en función del tamaño de la sepultura y la calidad del ataúd. Algunos cementerios incluyen en el precio una pequeña inscripción conmemorativa, aunque también es posible encargar otras más elaboradas. Si se decide por la cremación, se le entregará una urna o pequeño ataúd con las cenizas de su animal querido.

Puede que desee encargar un retrato conmemorativo, una fotografía que puede adherirse a cualquier tipo de superficie, suficientemente resistente como para conservarse intacta y en buenas condiciones durante mucho tiempo.

Asesoramiento: Para algunos dueños, se hace insoportable el duelo. Busque ayuda. Puede acudir a un servicio de asesoramiento tradicional o bien contactar con alguna institución veterinaria que disponga de asistentes sociales especializados en el asesoramiento para dueños de animales de compañía. Algunos servicios de asistencia están disponibles las 24 horas. En esta ocasión, también le podrá aconsejar el veterinario.

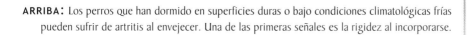

ARRIBA: Los perros que han dormido en superficies duras o bajo condiciones climatológicas frías pueden sufrir de artritis al envejecer. Una de las primeras señales es la rigidez al incorporarse.

LA CRIANZA Y LA REPRODUCCIÓN
Un nuevo miembro en la familia

Los cachorros son adorables, pero encargarse de una camada no es muy aconsejable. Es mucho mejor dejar esto en manos de un experto, el cual dispone del tiempo y las instalaciones adecuadas para ello.

Si usted tiene tiempo, de veras cree que puede comprometerse con esta tarea y, además, puede garantizar que siempre habrá algún miembro de la familia en casa, atrévase.

Contacte con el criador de su perra y deje que sea él quien escoja al macho adecuado. No es apropiado cualquier miembro macho de la misma raza para que haga de semental, ya que el resultado podría ser una camada de cachorros inferiores. Es importante que el macho escogido tenga el adecuado historial genético, buen carácter, buena constitución física y probada fertilidad.

El ciclo reproductor de la hembra

La mayoría de las hembras entran en época de celo cada seis meses a partir de que hayan cumplido los seis u ocho meses. Lo mejor es iniciar la crianza a partir de la segunda o tercera época de celo. Cada celo dura tres semanas. Las señales físicas del celo son inflamación de la vulva y posterior sangrado, el cual dura una semana para después pasar a ser una secreción amarillenta que durará una semana más. Durante la tercera semana no hay ninguna secreción visible. La cantidad de pérdidas o secreciones varían en función de cada hembra y algunas se afanan tanto en limpiarlas que sus dueños difícilmente pueden detectar que la hembra está en época de celo. Durante este período se dan cambios de comportamiento. La hembra está más amistosa y si se la acaricia en la base de la cola, la baja y retira hacia un lado. También es posible que quiera escaparse y que orine con más frecuencia.

Los machos pueden, desde largas distancias, detectar el olor que desprende una hembra durante el celo, por lo que podría usted encontrarse con un grupo de machos acampados en la puerta o jardín de su casa. Es importante que la hembra esté en casa o se la lleve de paseo sujeta con correa durante el celo.

FOTO SUPERIOR: Los cachorros al nacer están recubiertos de una membrana que la madre retirará lamiendo.

ARRIBA: Una hembra preparando la zona donde parirá: es posible que haga jirones con periódicos o telas para hacer un lecho.

Aunque puede haber algunas variaciones, la hembra está más fértil entre el día décimo y catorceavo del celo. Si el perro escogido como semental vive cerca, puede llevar a la hembra con él diariamente y dejar que la naturaleza siga su curso. No obstante, si no puede desplazarse cada día para visitar al semental, sería práctico saber cuáles son los días en que la hembra está más fértil. Para ello, se le puede hacer un análisis de sangre, el cual mide los niveles de progesterona. Su veterinario le aconsejará sobre este tema.

Apareamiento

En la mayoría de los casos, el apareamiento ocurre poco después de que se deje al macho y a la hembra juntos, especialmente si el semental ya tiene experiencia. Sin embargo, también hay casos en que los perros no se gustan y el apareamiento no se lleva a cabo. Esto suele ocurrir porque la hembra tiene un rol dominante. Si esto ocurre cuando la hembra se encuentra en los días más fértiles del ciclo, es mejor buscar a otro semental. El apareamiento suele realizarse en el entorno propio del macho.

Durante el apareamiento, una glándula del pene del macho crece de tamaño y queda adherida al canal interno de la hembra por unos veinte minutos. Durante este tiempo, el macho puede que deje de cubrir a la hembra y permanez-

ca a su lado o de espaldas a ella. Los dueños suelen sentirse muy preocupados cuando ven este proceso por primera vez; sin embargo, es perfectamente normal, por lo que lo mejor que pueden hacer es retirarse a tomar un café y dejar que todo siga su curso. Este «enganche» o «nudo», como suele llamarse, ocurre en la mayoría de los apareamientos, aunque no en todos. Aunque no ocurra, la hembra puede haber sido fecundada.

Apareamiento no planeado

En algunas ocasiones, tiene lugar un apareamiento no planeado. Si la hembra y el macho están acoplados, no intente separarlos. Cuando el apareamiento haya terminado, decida qué hacer. No hay ningún medio para saber si la hembra ha sido fecundada.

Si le parece buena idea que la hembra tenga a su camada, proceda según lo descrito en la página siguiente.

Si usted no quiere que la hembra tenga a su camada porque planeaba hacerla criar más adelante, el veterinario puede evitar el embarazo con una inyección. Esto puede conllevar algunos efectos secundarios, por lo que es conveniente que el veterinario le describa las ventajas y los inconvenientes. Si no desea que la hembra críe ni ahora ni más adelante, puede esterilizarla mediante intervención quirúrgica cuando el celo haya terminado.

ARRIBA: Una hembra de Border Collie, una raza generalmente muy movida y agresiva, en actitud protectora y tranquila con su camada.

El cuidado de la perra

Antes de aparear a la hembra, es importante que se le haya realizado un chequeo médico y que haya recibido todas las vacunas obligatorias de los últimos seis meses. Todo esto garantizará que los cachorros nazcan con un buen nivel de inmunidad hacia las enfermedades más comunes. También es importante que se haya medicado contra parásitos intestinales antes del apareamiento y durante el embarazo.

Los productos que actúan no por absorción, sino que se aplican en la superficie dérmica son seguros. Consulte con el veterinario para el correcto uso de estos.

Durante el embarazo, la hembra deberá familiarizarse con el lecho en donde parirá. Este debe ser una caja abierta, con sólo tres laterales y la base, suficientemente grande como para que el animal pueda permanecer cómodamente tumbado de costado y darse la vuelta con holgura. Esta caja deberá ubicarse en una zona tranquila de la casa.

Coloque periódicos y toallas viejas en la caja con las que la hembra pueda preparar un lecho. Intente que la hembra pase cada día un rato en la caja; llévele una galleta o una de sus comidas preferidas. Si está acostumbrada a dormir en su propia cama, trasládela a la caja y anímela a que duerma ahí.

El parto

Durante el primer período del parto, la hembra se muestra muy inquieta, jadea y se pasea constantemente. Esto puede durar hasta ocho horas. La hembra suele hacer jirones con el papel y empieza a preparar el lecho.

Al final, la hembra tiene fuertes contracciones, se incorpora frecuentemente y se lame la vulva. Transcurridos entre 20 y 60 minutos después de que las contracciones hayan empezado, nace el primer cachorro. Los cachorros están cubiertos por una membrana al nacer, la cual la madre quitará lamiendo. Las crías están unidas por el cordón umbilical a la placenta, la cual es expelida al mismo tiempo. La hembra mordisca el cordón umbilical para separar la placenta y comérsela. No le prohíba que lo

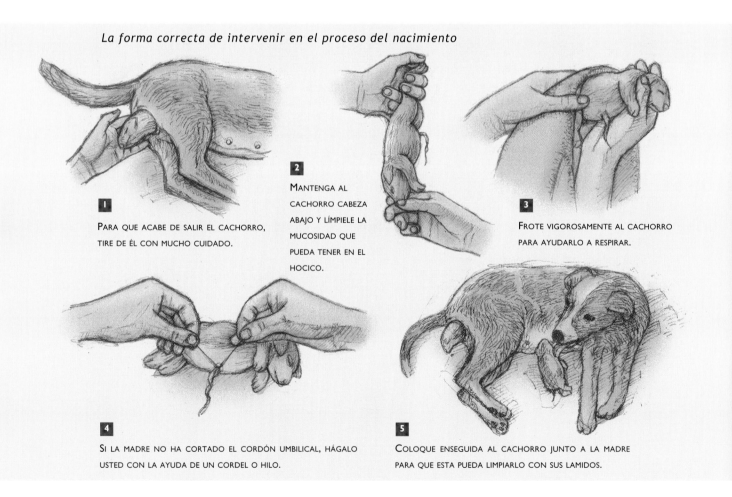

La forma correcta de intervenir en el proceso del nacimiento

1 PARA QUE ACABE DE SALIR EL CACHORRO, TIRE DE ÉL CON MUCHO CUIDADO.

2 MANTENGA AL CACHORRO CABEZA ABAJO Y LÍMPIELE LA MUCOSIDAD QUE PUEDA TENER EN EL HOCICO.

3 FROTE VIGOROSAMENTE AL CACHORRO PARA AYUDARLO A RESPIRAR.

4 SI LA MADRE NO HA CORTADO EL CORDÓN UMBILICAL, HÁGALO USTED CON LA AYUDA DE UN CORDEL O HILO.

5 COLOQUE ENSEGUIDA AL CACHORRO JUNTO A LA MADRE PARA QUE ESTA PUEDA LIMPIARLO CON SUS LAMIDOS.

haga, es una práctica bastante habitual. Después empieza a lamer y acariciar con el hocico a los cachorros, a lo que estos responden emitiendo gritos agudos. Rápidamente, se adherirán a las mamas de la madre para empezar a alimentarse.

Si por alguna razón, la hembra desatiende a alguno de los cachorros, será necesario intervenir (ver la ilustración de p. 122).

Prepare algunas toallas viejas y limpias. Asegúrese de haberse lavado cuidadosamente las manos y retire la membrana que los cachorros tienen en la boca y hocico. Para poder eliminar todo el fluido de la boca del cachorro, mantenga a la cría cabeza abajo y separe las mucosidades con los dedos. Frote vigorosamente al cachorro con una toalla hasta que empiece a respirar y a llorar. Vuelva a poner al cachorro en el lecho, junto a las mamas de la hembra. Si pasados veinte minutos, la hembra no ha cortado el cordón umbilical, hágalo usted con un hilo y retire la placenta.

Si en cualquier momento del proceso la hembra sigue haciendo esfuerzos y empujando por más de media hora sin que nazca ningún cachorro, llame al veterinario.

Cuando el parto haya terminado, dé leche templada con glucosa (una cucharadita de glucosa por cada vaso de leche) a la hembra. Déjela junto a sus cachorros para que pueda descansar.

Es mejor que sólo una persona esté presente durante el parto (puede que sea necesaria ayuda, especialmente si se trata del primer parto). Si considera que sería beneficioso para sus hijos que vieran el proceso, dígales que permanezcan quietos y que no intenten coger a los recién nacidos.

La crianza de los cachorros

Durante las dos primeras semanas de vida, los cachorros pasan la mayor parte del tiempo mamando y durmiendo. Durante este período, dé de comer a la madre hasta cuatro veces al día y asegúrese de que siempre tiene agua. Procure que la dieta de la madre tenga suficiente calcio durante la época de cría. Una dieta comercializada, aportará todos los nutrientes necesarios. Existen dietas preparadas para la época de lactancia que también pueden servir para los cachorros cuando empiezan a ingerir sólidos. Si usted prepara la comida en casa, será preciso que le añada calcio, que podrá adquirir en polvo, líquido o tabletas en el veterinario.

La mayoría de las hembras prefieren que no se las moleste durante las dos o tres semanas posteriores al parto. Llévela fuera para que haga sus necesidades tres o cuatro veces al día y, durante estas ausencias, aproveche para asear el lecho dos veces al día. En cuanto al resto del tiempo, déjela sola, a no ser que pida estar en compañía. Algunas hembras pueden mostrar agresividad durante esta época, lo cual podría resultar un problema (ver p. 69, *Agresividad materna*).

ARRIBA: Lo normal en los cachorros de cuatro días de edad es pasar el tiempo durmiendo y mamando.
FOTO SUPERIOR: Si se trata de una camada numerosa, será preciso darles alimento adicional. Existen preparados para cachorros que usted les podrá dar con un biberón.

Si, por tratarse de una camada numerosa, la hembra no puede alimentarlos a todos, es posible que necesiten un suplemento alimenticio. Para estos casos, existen preparados específicos que usted les podrá dar con la ayuda de un biberón.

El número aproximado de una camada de una hembra de tamaño mediano o grande es de entre seis y diez cachorros. Más de diez, podría ser un problema, aunque algunas madres pueden criar a toda una camada numerosa sin ninguna ayuda. Es preciso que verifique que todos los cachorros se alimentan bien y que tienen el estómago lleno. Si alguno está más delgado y chilla con mucha frecuencia, es probable que no reciba el suficiente alimento. En caso de duda, consulte con el veterinario para que pueda evaluar la situación. Generalmente, el suplemento alimenticio basado en leche y preparados ha de darse a los cachorros por turnos: cada dos o tres horas media camada se amamantará y la otra media se alimentará con el preparado, y así sucesiva y alternativamente.

Entre los diez y los catorce días, los cachorros empezarán a abrir los ojos, a moverse y a jugar. A partir de las dos semanas, tienen que empezar a ingerir comida sólida cuatro veces al día. Les puede dar cereales para niños, comida enlatada para cachorros o ralladuras de carne congelada que posteriormente haya dejado derretir a temperatura ambiente. Tal y como se ha mencionado, existen preparados comercializados que son muy aptos para la crianza de los cachorros.

La madre suele regurgitar comida para los cachorros, lo que es una práctica totalmente normal y se debe permitir que los cachorros la coman.

A partir de las dos semanas de edad, se debe medicar a los cachorros contra parásitos intestinales cada catorce

días, mediante pastillas o compuestos disueltos. Este tratamiento es fundamental, ya que los cachorros se infectan con lombrices antes de nacer. Independientemente de los cuidados que hayan recibido, la mayoría de las hembras son portadoras de larvas de lombrices enquistadas en el tejido corporal. Cuando comienza el cambio hormonal del embarazo, estas larvas se desarrollan y extienden por la placenta hasta llegar a los cachorros. También es preciso que la madre reciba un tratamiento contra los parásitos intestinales cada dos semanas durante la época de lactancia de las crías, ya que, al limpiar los parásitos de los cachorros, la hembra vuelve a infectarse (ver p. 85-90, *Parásitos*).

A partir de las tres semanas de edad, es importante que los cachorros empiecen a tener contacto con las personas para que se acostumbren a que los toquen. Si acuden visitas para ver a los cachorros, asegúrese de tomar las precauciones necesarias para evitar la transmisión de enfermedades víricas. Pida a las visitas que se quiten los zapatos y se laven las manos antes de coger a los cachorros.

También es importante que a partir de las dos o tres semanas, los cachorros se acostumbren a orinar y defecar en una zona fuera del lecho. Cubra esta zona con periódicos o bien deposite una bandeja con tierra. Si la temperatura es cálida, puede llevarlos a una zona de hierba en el exterior.

Los cachorros deben estar con sus nuevos dueños a partir de las siete u ocho semanas de edad. Es preferible que sean vacunados por primera vez antes de abandonar el lecho de la madre. La mayoría de los veterinarios aplican un descuento cuando se trata de las vacunas de la camada; recuerde que es muy aconsejable que todos los cachorros pasen un examen médico antes de ponerlos a la venta.

ARRIBA: La forma correcta de coger a un cachorro: asegúrese de que lo sostiene con mucho cuidado.
FOTO SUPERIOR: Los juegos son una forma de aprendizaje para los cachorros. La madre se encarga de aleccionarlos si juegan de forma demasiado brusca o hieren a las otras crías.

lo que no es el momento adecuado para separarlos de la camada. Una segunda fase de este tipo tiene lugar a las catorce semanas. Es muy probable que los cachorros que han demostrado una buena socialización previa continúen su desarrollo sin demasiados cambios durante esta fase; no obstante, la reacción frente a los nuevos acontecimientos podría ser traumática en algunos casos. Si su cachorro atraviesa esta etapa, será preciso que usted sea paciente y tolerante.

La preferencia de sustrato o selección de una zona y tipo de superficie específica donde realizar las evacuaciones se desarrolla a las siete u ocho semanas de edad. Este es un buen momento para que el cachorro se instale en su nueva casa.

En unas circunstancias naturales, los cachorros continuarían con el grupo familiar hasta los seis meses o incluso más tiempo. Durante todo este tiempo, se da un constante relevo en el ejercicio del papel dominante de los cachorros. Un cachorro dominante a las ocho semanas puede que ya no lo sea a las doce.

Los cachorros aprenden mediante el juego. Si uno de los cachorros muerde con demasiada fuerza a otro, la víctima aullará y rechazará mantener ninguna relación con el ofensor. De esta forma, aprenden a controlar la intensidad de sus juegos. La madre castiga a los cachorros que tienen un comportamiento demasiado violento. Para ello, coloca la boca con firmeza por encima de la cara del cachorro para que este cese en su comportamiento incorrecto o bien lo empuja hacia sí para inmovilizarlo poniéndole la pata encima del cuello o el cuerpo. Cuando un humano está adiestrando a un cachorro, es positivo imitar estas actitudes para alcanzar un resultado similar.

El desarrollo social del cachorro

Al nacer, los cachorros son ciegos, sordos y presentan una movilidad muy limitada. Incluso durante esta pronta edad, compiten por acceder a las mamas de su madre. En las camadas numerosas en que no todos los cachorros pueden ser amamantados al mismo tiempo, el más fuerte o decidido se llevará la mejor parte.

Durante las dos primeras semanas, período neonatal, los sentidos del oído, vista, olfato, tacto y gusto se desarrollan rápidamente.

A los diez días, aproximadamente, se abren los ojos y los canales auditivos. Hacia las tres semanas, los cachorros empiezan a jugar. Desde las tres hasta las cinco semanas de edad, muestran reacciones positivas ante el acercamiento de otro individuo. Este es un momento importante para que empiecen a tener contacto con las personas. Pasan por una fase de experimentación del temor a las seis semanas, por

El desarrollo social de un cachorro

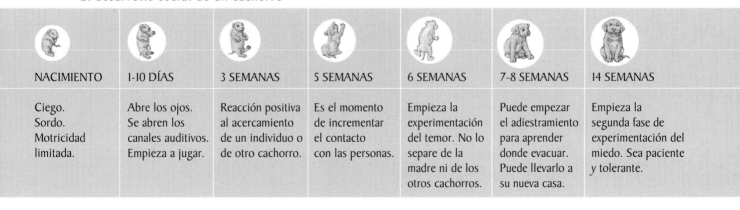

NACIMIENTO	1-10 DÍAS	3 SEMANAS	5 SEMANAS	6 SEMANAS	7-8 SEMANAS	14 SEMANAS
Ciego. Sordo. Motricidad limitada.	Abre los ojos. Se abren los canales auditivos. Empieza a jugar.	Reacción positiva al acercamiento de un individuo o de otro cachorro.	Es el momento de incrementar el contacto con las personas.	Empieza la experimentación del temor. No lo separe de la madre ni de los otros cachorros.	Puede empezar el adiestramiento para aprender donde evacuar. Puede llevarlo a su nueva casa.	Empieza la segunda fase de experimentación del miedo. Sea paciente y tolerante.

ÍNDICE

Créditos fotográficos:

Animal Photography/RT Willbie: págs. 24 superior, 70 superior, 71; Animal Photography/Sally Anne Thompson: págs. 28, 34 superior, 39, 57, 60, 75, 78, 97 superior, 106 arriba, 115 85. Michael Brett: pág. 10 arriba. Bridgeman Art Library: pág. 13 superior. Bruce Coleman Collection/Adriano Bacchella: pág. 15; Bruce Coleman Collection/Jane Burton: pág. 2; Bruce Coleman Collection/Jeff Foott: pág. 12; Bruce Coleman Collection/Hans Reinhard: pág. 40. Cogis/Blat: pág. 8; Cogis/Francais: págs. 4, 10 superior, 19, 20 arriba; Cogis/Hermeline: págs. 9,11 arriba, 31, 41, 56, 64; Cogis/Labat: págs. 59, 62; Cogis/Lanceau: págs. 6, 16, 20 superior; Cogis/Vedie: pág. 21. John Daniels: págs. 3, 11, 26 arriba, 29, 32 superior izquierda, 53, 65 superior. Isabelle Francais: cubierta frontal imagen central, cubierta frontal superior izquierda, págs. 11, 26 superior, 34 arriba, 51, 63, 69. Gallo/Getty Images: cubierta frontal debajo izquierda; Gallo Images/Martin Harvey: pág. 13 arriba; Gallo Images/Tony Stone-David Tipling: pág. 14 arriba; Gallo Images/Ben Osborne: pág. 18. Graham Meadows: cubierta trasera imágenes de solapas, págs. 14 superior, 22 arriba, 27, 70 arriba, 118. Kelly Walsh: cubierta frontal solapa, págs. 42, 43, 44, 45, 46 superior, 58 superior, 59 arriba, 61, 62 arriba, 64 arriba, 95. Warren Photographic/Jane Burton: cubierta frontal segunda y tercera izquierda, cubierta trasera, págs. 1, 5, 17, 22 superior, 23, 24 arriba, 30 superior y arriba, 31, 32 superior izquierda, 33 arriba, 35, 36, 37, 38, 46 arriba, 47, 50, 52, 65 arriba, 72, 74, 76 superior, 80, 81, 84, 85, 96, 97 arriba, 98, 99, 101, 102, 103, 104, 105, 106 superior, 107, 108, 110, 111, 113, 114, 116, 117, 119, 120, 120 superior, 123 arriba, 124, 125;Warren Photographic/Kim Taylor: pág. 48.